JN111560

7日でマスター FXがおもしろいくらいわかる本

元メガバンク為替ディーラー 鈴木拓也

ソーテック社

ご利用前に必ずお読みください

本書はFX投資の参考となる情報提供を目的としています。FXによる投資の意思決定、最終判断はご自身の責任において行ってください。本書に掲載した情報に基づいた投資結果に関しましては、著者、株式会社ソーテック社、および掲載しているFX会社はいかなる場合においても責任は負わないものとします。また、本書は執筆時点（2021年5月現在）の情報をもとに作成しています。掲載情報につきましては、ご利用時には変更されている場合もありますので、あらかじめご了承ください。以上の注意事項をご承諾いただいたうえで、本書をご利用願います。

FXの勉強をこれからはじめよう！

会社の給与も上がらないし、空いた時間に楽して稼げる副業はないでしょうか？

最近は、副業やダブルワークをする人が増えていますね。少しでも収入アップして将来に備える人が多いのでしょうね。

SNSなどで、FXで稼いでいる人たちを見つけました。けっこう儲かっているようで、自分もFXに挑戦してみたいです。

FXは平日24時間取引ができるので、株などと比べて会社員や主婦の方でも取り組める投資です。最近は、副業で始める方も増えているようですね。

僕も挑戦してみたいです！
でも、何を勉強して、何をすればいいのか全く分かりません。。。FXで成功するには、どんな勉強をしていけばいいでしょうか？

ネット上には間違った情報が多いので、投資初心者が勉強を始めるには信頼できる情報や教科書を使いましょう！

インターネットを見ても、情報量があふれすぎて混乱してしまいます。そんな私におすすめの勉強法はありますか？

まかせてください！　はじめての方のために、ゼロから体系的にFXの解説をしていきます。私と一緒に、本書でFXの勉強をスタートしましょう！

FXで稼ぐには何をすればいい？

鈴木先生、FXで大金持ちを目指します！

FXで大金を手にした主婦がたくさんいて、世界でもミセスワタナベなんて呼ばれているんですよ！

でも、FXはギャンブルのイメージがあります。
破産してしまう人もいるのですか？

何の戦略も持たずに、運にまかせて投資したら、資金がゼロになってしまうこともあるんです！

それは怖いです。安全に投資して着実に稼ぎたいです。

FXはルールを守れば、手堅く稼げる投資なんですよ。

手堅く稼ぐためには、具体的にどんな勉強したらいいですか？

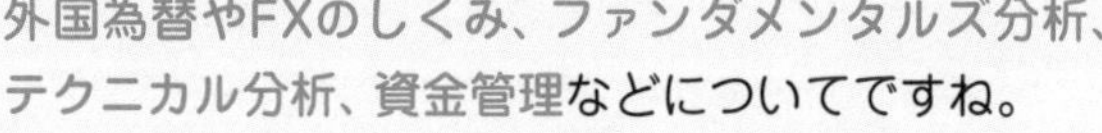

外国為替やFXのしくみ、ファンダメンタルズ分析、テクニカル分析、資金管理などについてですね。

？？？

大丈夫！　はじめての方のために、それぞれ分かりやすく解説していきますよ！

はじめに

この度は数あるFX書籍の中から、本書を手に取って頂きありがとうございます。

本書は「これからFXを勉強して、稼いでいきたい！」という方向けに、FXの基礎やテクニカル分析、ファンダメンタルズ分析、資金管理など、FXに必要な知識を基本から解説した内容になっています。

本書ではこんな疑問を解決

・外国為替ってどんな仕組みなの？
・FXはどんな投資なの？メリット・デメリットは？
・FXはどうやって始められるの？手数料は？
・経済の流れを読むファンダメンタルズ分析って何？
・チャートを読むテクニカル分析とは？
・どこでエントリー（売買）すれば稼げるの？
・資金管理はどうやってやればいいの？
・FXで安定して稼ぐために必要な要素は？

FXは株式投資と比べ、「ギャンブル」「怖い」といった印象を持たれることがよくあります。しかし、外国為替は海外旅行などで私たちの身近な生活と大きく関わっているほか、私がいた堅いメガバンクでも利益上げるために為替の取引をしています。

FXはリスク管理を全くせずに取引すれば危ない投資になりますが、ルールをしっかり守れば手堅く稼げる投資になります。

本書では、FX初心者の方がよくつまずくポイントや理解しにくい点を、イラストや会話を入れながらやさしく解説していきます。他のFX書籍を読んだけど理解できなかった方も、本書で再度、FXの勉強をしていきましょう。皆様のFX学習のお役に立てることを願っております。

それでは、7日間のレッスンを通してFXの世界に飛び込みましょう！

元メガバンク為替ディーラー
鈴木拓也

CONTENTS

CONTENTS

今日からFXをはじめよう！ 注文方法を図で解説

CONTENTS

経済指標で予測しよう！ ファンダメンタル分析

チャートで予測しよう！ テクニカル分析

CONTENTS

FXで稼ぐプロの実践テクニック８選

FXで最も重要！ 資金管理の技術

CONTENTS

FXで失敗しないための極意とは？

登場人物

本書では、初心者のみち子さん、田中くんと一緒に7日間のカリキュラムでFXを学んでいきます。

鈴木先生

メガバンク出身の現役投資家。分かりやすい説明に定評があり、運営するYouTubeチャンネルは9万人超（2021年5月時点）と初心者に人気の先生。

みち子さん（27）

新卒の新入OL。将来の夢を実現するために貯金では無理!とFX投資をはじめようと決意。

田中くん（27）

これからFXを始めようと思っている会社員。投資の経験がゼロで右も左も分からないが、熱意だけは誰にも負けない。

本書の主な対象者

- これからFXを始めようという未経験者の方
- FXの知識をもう一度一通り学びたい初心者の方
- 他の入門書を読んだけどあまり理解できなかった方
- 信頼のおける金融機関出身のプロから学びたい方
- 簡単な言葉で楽してわかるような本を探している方

0日目

外国為替のしくみを知って世界に関心を持とう!

本書は、これからFXを学んでやってみようという方が、そのしくみがわかって、実際に稼げるようになるための本です。
ニュースなどで「円高」や「円安」などを聞いたことがありますね。最初に外国通貨と円を交換する外国為替のしくみについて説明します。
基礎からわかりやすく解説していきますので、一歩ずつ進んでいきましょう。

外国為替（がいこくかわせ）って何ですか？

はじめまして、元メガバンク為替ディーラーの鈴木拓也です。今回はどのようなご相談ですか？

投資についてはまったくの素人です。
友達からFXが手軽で儲かる投資だと聞いたので、やってみたいです。そこでFXって何かを詳しく教えていただきたいです！

わかりました。まず、外国為替という言葉は聞いたことがありますか？

外国為替？……、外国のお金のことだと思います。

半分、当たりです。最初に外国為替のしくみについて勉強すれば、FXとは何か少しずつ見えてきますよ。

■外国為替とは、異なる通貨を交換すること

外国為替とは、一言で説明すると「**異なる国と国の通貨を交換すること**」です。例えば、米国のドル、英国のポンドなどを日本の円に**両替（りょうがえ）する**ことです。外国旅行に行ったり、外国の商品を購入したり、外国に商品を売ったりするとき、外国為替を利用することになります。

輸入と輸出という言葉は聞いたことがあると思いますが、外国から物を買う輸入や、外国に物を売る輸出には外国為替がからんでいます。

私たちの一番身近なところでは、海外旅行をイメージするのが一番わかりやすいでしょう。

外国で支払いをする場合

例えばアメリカに旅行に行った場合、現金払いの店舗や飲食店で日本の1万円紙幣を出しても使えないことがほとんどです。アメリカの通貨である「米ドル」を持っていないと買い物ができないのです。

そこで**円を米ドルに交換する**必要があります。銀行や空港などで円を米ドルに両替するわけです。

■通貨と通貨の交換比率が「為替レート」

海外旅行で円をドルに替えるのと同様に、海外の投資家が日本の株を購入する場合には、海外の通貨を円に交換しなければなりません。円からドル、ドルから円に通貨を交換するときには、**通貨の交換比率**が必要になります。

これが「**為替レート**」と呼ばれるものです。この為替レートによって、**米ドルと円の交換の比率がいくらなのかがわかる**というわけです。ちなみにこの為替レートは固定されているわけではなく、通貨と通貨の需給の具合で**常に変動しています**。

為替レートは時間とともに刻々と変動します

■為替レートは誰が決めるのか？

為替レートは一体、誰が決めているのですか？

いいところに気づきましたね。為替レートがどうやって決まるかは、経済の根本的なしくみとして説明ができるんです。

為替レートは、誰かが今日の1ドルは100円のように決めているわけではありません。1973年までは世界各国は固定相場制をとり、1ドルは360円と決められていました。

その後、1973年に先進各国は**変動相場制**へと移行し、**通貨の交換比率**は「**需要と供給のバランス**」によって決定されるようになりました。「需要と供給のバランス」とは、ドルと円で言えば、**ドルを欲しい人が多いか、円を欲しい人が多いか**ということです。

例えば、円から米ドルに交換したい人が増えれば、米ドルが高くなります（**ドル高・円安**）。逆に米ドルから円に交換したい人が増えれば、米ドルが安く、円が高くなります（**ドル安・円高**）。

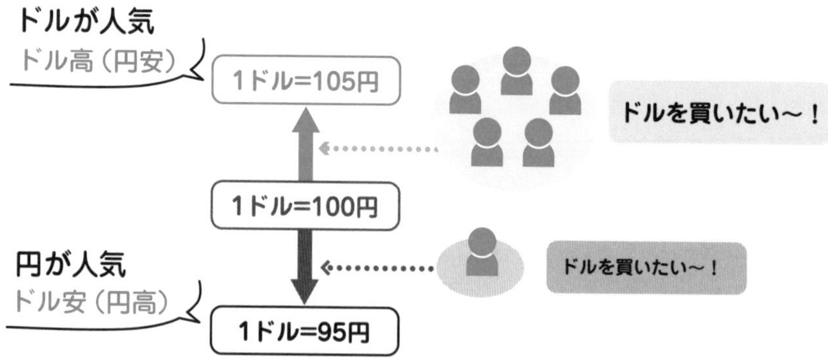

米ドルに交換したい理由はアメリカの商品を購入したいだけではありません。米ドルで持っていた方が**資産の価値は高まる**と思えば、米ドルの需要は高まります。

このように**通貨の強さは国の経済力を反映している**側面もあります。様々な要因で為替レートは変動していくわけです。

ただし、中国の人民元のように変動を管理（管理変動相場制と呼ぶ）している国は、需要と供給のバランスによって、素直に為替レートが変動することはありません。

■為替相場は身近な生活や産業にも影響します

外国為替など、輸出や輸入に係わらないから自分には関係ないと思ったら大間違いです。私たちの日常は為替レートによって大きく左右されます。

例えば「**ガソリンの値段**」です。

原油の元の値段が変わらなくても、為替レートが上下するだけで海外から輸入するガソリン価格も変わってきます。ガソリン価格は、物流のコストに直接影響しますから、景気に与える影響も大きくなります。

スーパーで購入する食料品は、およそ60％は輸入に頼っていますから、為替レートの変動は食生活に直接的に影響を及ぼすのです。

外国為替は私たちが生活していくために必要不可欠なことなんです。

POINT

海外旅行に行くときに、現地などで円を米ドルに交換することを**外国為替**といいます。その交換比率となる為替レートは毎日、毎秒、刻々と変わっていきます。

米ドルを買いたい人がたくさんいれば米ドルの価格は上がり、円の価格は下がります。

反対に、円を買いたい人がたくさんいれば円の価格は上がり、米ドルの価格は下がります。

0-02 「円高」「円安」って？

鈴木先生、1ドル104円だったのが、105円になるのが円高ですか？

104→105と円の値が増えているので円高に思えますが、実際は逆なんです。1ドル104円だったのが、103円になるのが円高です。

えー、逆なんだ。どうしてそうなるんだろう？

それでは、円高と円安のしくみについてお伝えしていきますね！

■110円⇒100円に下がったのになぜ円高？

1本のジュースの値段が1ドルだったとします。これはアメリカ中どこへ行っても1ドルで購入できるわけですが、日本人がこれを購入しようとすると円を米ドルに交換しなければなりません。

① **もし為替レートが1ドル100円 ⇨ 110円になったら…**

⇒ 米国でのジュースの値段は110円と高くなってしまいます。

② **もし為替レートが1ドル110円 ⇨ 100円になったら…**

⇒ 米国でのジュースの値段は100円で安く購入することができます。

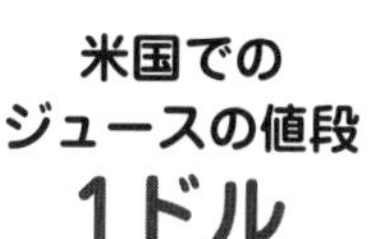

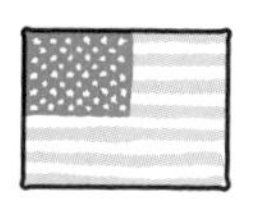

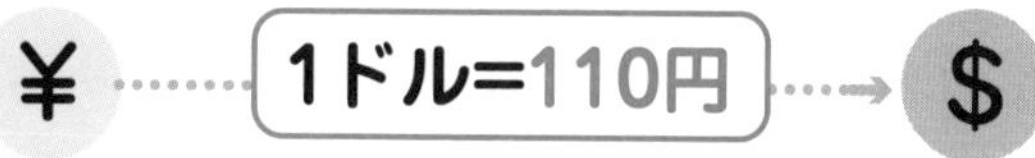

1本のジュースが110円

ドルが高い・円が安い

ドル高・円安

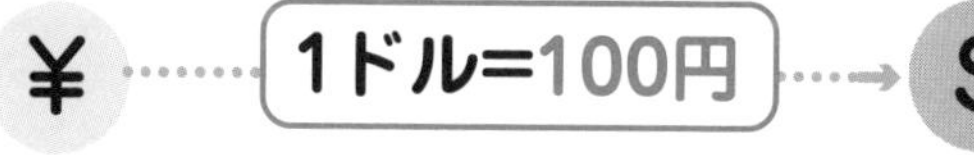

1本のジュースが100円

ドルが安い・円が高い

ドル安・円高

このように**1ドル100円が1ドル110円**になるということは、**米ドルの価値が上がり、相対的に円の価値が下がった**ことになりますので、「**円安（ドル高）**」という状態です。

逆に、1ドル110円が1ドル100円になるということは、米ドルの価値が下がり、円の価値が上がっているので「**円高（ドル安）**」という状態になるのです。

POINT　円安・円高の覚え方

最初は違和感を覚えるかもしれませんが、混乱しそうな人は、1ドル100円から上がれば円安・下がれば円高とだけ覚えましょう。

100円　⇒　110円　円安
100円　⇒　　90円　円高

■どういう理由で円高や円安になるのか？

為替レートが変動する理由はさまざまあり、その時々で要因は変わってきます。ドル円相場に影響する主な要因をピックアップしてみましょう。

①円高になる理由

アメリカの金利が下がると、米ドルを保有したい人が減り、米ドルを売って円を買う動きが強まるため円高になりやすい傾向があります。

また、失業率が上がったり、GDPが予想よりも下がったりすると、**市場がリスクオフ（リスク回避）**の機運になります。こうしたときは、資産の運用先として比較的**安全な資産とされる円が買われ円高になる**傾向があります。

また、日本の商品が外国で売れて**日本からの輸出が増える**と、日本の企業が海外で得た外貨を自国の円に替えるため、円買いが強まって**円高の方向に動きやすくなります**。

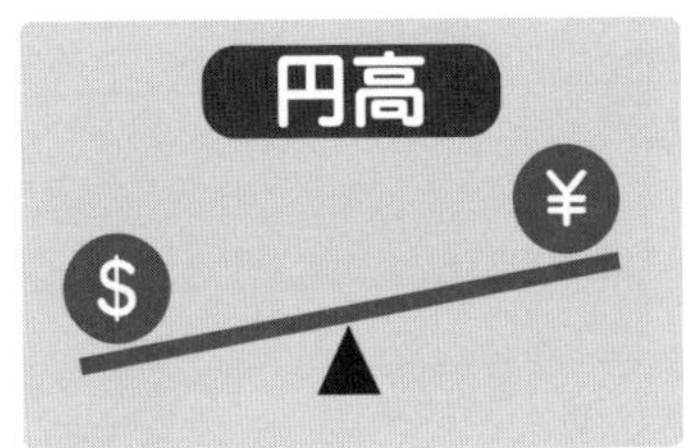

・米国金利が下がる
・市場がリスクオフ
・日本からの輸出が増える

②円安になる理由

アメリカの金利が上がると、円を売って米ドルを買う動きが強まるため円安になりやすい傾向があります。

市場がリスクオン（リスク選好）になると、比較的安全な円が売られてリスクが高い資産（新興国通貨など）が買われるため円安になります。

注意したいのは、必ずしも上記パターンが成立するわけではありません。円高、円安はひとつの原因だけで起きているわけではないので、上記通りにならない可能性もあります。特に、2020年後半以降は、株価上昇（リスクオン）で円高が進みました。

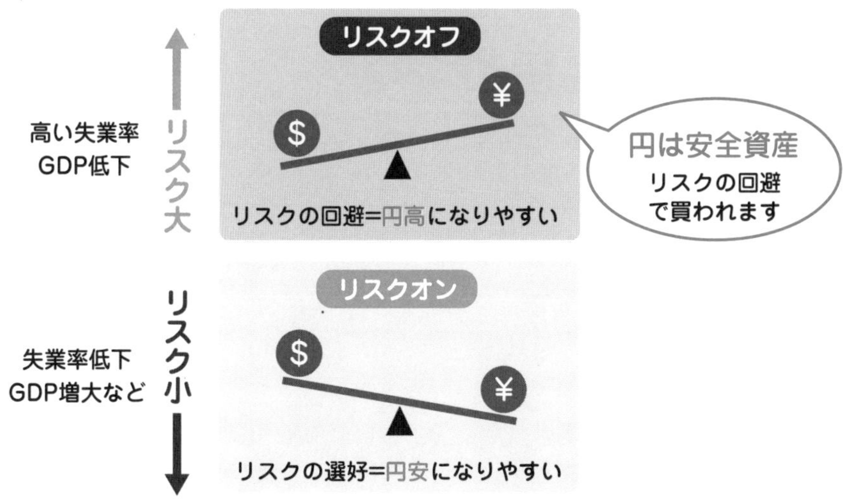

■円高、円安になるとどんなメリットがあるのか

円高だとたくさんのドルやドル建て商品が買えます

円高になると同じ量の円でたくさんの外国のものが買えるため、輸入業にとっては安くものを仕入れることができます。

海外旅行に行ったときに円高になっていると、同じ1万円でも、多くの買い物ができます。購入する側からすると円高にメリットがあるということです。

円安だと海外への輸出で有利です

円安になると海外で売る側にメリットがあります。1ドル100円で3万ドルの自動車を輸出して売った場合、300万円の売上ですが、これが円安で1ドル110円になれば同じ3万ドルで売れても、330万円の売上になり、30万円も利益が増えるのです。

ということは**輸入業者や海外旅行に行く人にとって円安はデメリット**。輸出関連の業者にとっては円高がデメリットということです。

また、円高の場合とは逆に円安だと、海外旅行をするときなど、海外の商品が高くなってしまいます。

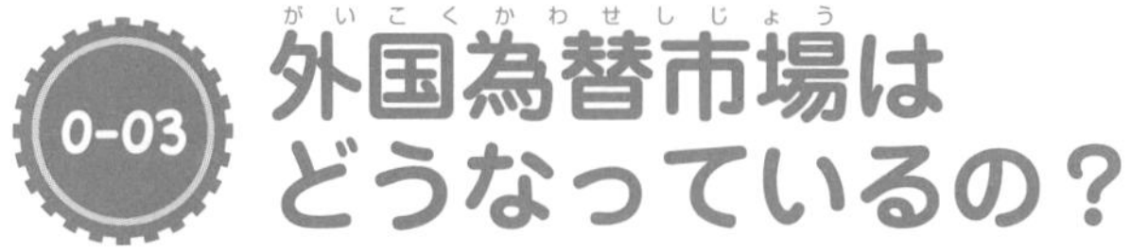

0-03 外国為替市場はどうなっているの？

外国為替の取引所ではどれだけの人たちが働いているんですか？

外国為替市場は株取引のように証券取引所のような建物があって、そこで大勢の人が働いているわけではないんだ。

そうなんですか！　鈴木先生、外国為替市場がどうなっているか教えてください。

■インターバンク市場と対顧客市場

外国為替市場は、「**外為市場**」とも呼ばれます。外為市場は、ドルと円などの通貨の売買（交換）が行われる場所です。実際には、市場の特定の場所があるのではなく、銀行間等でインターネットや電話などにより取引が行われています。

外国為替市場は金融機関同士の「**インターバンク市場**」と個人や企業を対象とする「**対顧客市場**」の2つに分けられます。外国為替市場は一般的には**「インターバンク市場」のことを指します**。

銀行間で取引するインターバンク市場

インターバンク市場は銀行や証券会社などの金融機関に限定され、インターネットや電話を通じて金融機関同士が取引（インターバンク取引）を行っているので、取引所は存在しません。

また、銀行や証券会社以外では、金融政策をつかさどる中央銀行や仲介業者である為替ブローカーも参加しています。

投資家や輸出入業者などが取引する対顧客市場

インターバンク市場とは別に、私たち個人投資家や、機関投資家、輸出入業者や商社が金融機関と通貨の売買を行うのが「**対顧客市場**」です。

ちなみに、私たち個人投資家が利用するFX会社も、対顧客市場に参加しており、個人投資家と取引しているその裏で、銀行などの金融機関と取引をしています。

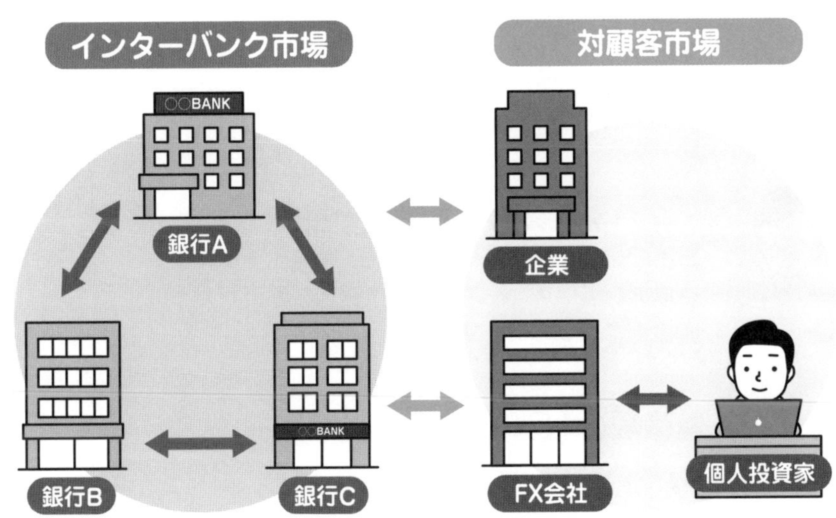

POINT 個人のお金もインターバンク市場につながっている

FXを行うとき、私たち個人の利用者はFX会社に投資するお金を預けます。FX会社も対顧客市場で銀行と為替取引をしています。

銀行同士の為替取引は、個人や企業、FX会社とは別の**インターバンク市場**でやりとりをしています。

なるほど。私の買ったドルはFX会社を通じて、さらに銀行に行き、インターバンク市場につながっているんですね！

24時間取引される外国為替市場

外国為替市場の営業時間はどうなっているんですか？　株は平日の9時から15時ぐらいまでですよね。FXの場合はもう少し長くなるのでしょうか？

FXは平日の取引は24時間できるんです。

いつでも取引できて便利ですね。

インターバンクという銀行間で取引する市場は、日本の銀行が夕方に閉まっても、時差で外国の銀行は開いていて、どこかの国の銀行で取引ができるようになっています。

■外国為替市場の1日の流れ

外国為替市場の１日は、日付変更線の左に位置するオセアニアから始まります。

日本時間で表記すると、朝の4時くらいにニュージーランドの**ウエリントン市場**からスタートし、その次がオーストラリアの**シドニー市場**となります。

市場のスタート順は、「**オセアニア→アジア→ヨーロッパ→アメリカ**」となります。

日本の**東京市場**は外国為替市場の１日の中では比較的早い時間帯です。アジアでは東京市場がスタートになった後で、**香港市場**、**シンガポール市場**と続いていきます。

ヨーロッパの市場がスタートするのは日本時間の夕方以降で、ドイツの**フランクフルト市場**、イギリスの**ロンドン市場**が始まります。

アメリカの**ニューヨーク市場**は、日本時間の22時頃からのスタートです。

そしてニューヨーク市場のクローズする時間を「**NYクローズ**」と呼びます。ここで外国為替市場の1日は終了するわけです。

そしてNYクローズとともにウエリントン市場がスタートし、1日の終了とともに次の日の為替市場が始まります。

このようにFXは、世界中の人たちが24時間取引できる仕組みになっています。

土曜・日曜日はお休みのため、取引はできません。

ちなみに「○○市場」とは、**その時間帯に取引量が多い場所を示しており、明確に時間帯が決まっているわけではありません**。ニューヨークに住んでいても、アジア時間帯に取引することは可能です。

日本時間	2時	4時	8時	12時	16時	20時 24時
ウェリントン						
シドニー						
東京		AM9：00～PM5：00				
香港						
シンガポール						
フランクフルト						
ロンドン			PM5：00～翌日 AM2：00			
ニューヨーク				PM10：00～翌日 AM7：00		

＊時間は夏時間で表示

じゃあ、仕事が終わって、ゆっくり夕食を楽しんだ後、FXに参加することができるってことなんだ。本業があったり、家事で忙しかったりする人にとっては、時間の制限がないのはとても便利ですね

そうですね。24時間いつでも取引できる点はFXの大きなメリットのひとつです

■何時に取引するのが有利なのか？

24時間いつでも取引できるのがFXのメリットです。ただし、24時間取引できるためダラダラとメリハリのない取引を続けてしまい、損失が膨らんでしまうこともあります。

取引する時間を絞り込むと勝率は高まります

取引する時間帯は、できる限り絞った方が勝率は高まるでしょう。

そこで大切になるのは、「**取引が活発になる時間帯はいつなのか**」ということです。

外国為替市場の1日を確認すると、**ロンドン市場とニューヨーク市場が重なっている時間帯がある**ことに気づきます。日本時間帯では**夜の22時、23時からといった時間帯**です。

ちょうどアメリカの重要経済指標の発表と重なっていたり、発表直後であったりという時間帯でもあり、**強いトレンドが生まれている可能性も高く**為替レートの変動も大きくなります。

変動が大きいということは、1回の取引でそれだけリターンが期待できるということがいえます。

時間帯を絞ってFXをする場合、日本時間の夜がFXの参加者が多く注目される時間帯です。昼間働いている人にとってはちょうどいい時間帯でもあります。

逆に東京市場の時間帯は、欧米勢が参加していないために大きく動きにくい時間帯です。

特にFX初心者の頃は、動きの読みにくい東京市場の時間帯を避けて、夜に集中して取引するのがおすすめです。

FXはいつでも取引ができるので、夜派の私には向いています！

そう、夜でも取引できるので、夜ふかしして仕事に影響しないように注意することだね。

通貨ペアの種類と特徴

24時間取引できるFXは、世界中の通貨を取引できるっていうことですか？
ドル以外にも、いい通貨はありますか？

確かに世界中にはいろいろな通貨があります。でもFXで扱える種類は限定されています。FXを始めたばかりの時期はメジャーな流通量の多い通貨で取引するのがいいですよ！

■FXで取引できるメジャー通貨

・米ドル（USD）

米ドルは、**世界の基軸通貨**（キーカレンシー）です。アメリカは世界最大の経済国で、米ドルは**最も取引量の多い通貨**です。

各国の中央銀行が外貨を蓄える際（外貨準備）には、この米ドルが利用されます。**対米ドルの通貨ペアを「ドルストレート」**と呼んでいます。

・ユーロ（EUR）

ドイツを中心にしたEU(欧州連合）で流通している通貨で、**米ドルに対抗できる一番手です**。取引量も米ドルに次いで2番目に大きい通貨です。

・日本円（JPY）

日本円も米ドル、ユーロについで取引量の多い通貨です。日本人に一番馴染みのある通貨であり、FXでは米ドル円が特に取引されます。対日本円の通貨ペアを「**クロス円**」と呼んでいます。

・イギリスポンド（GBP）

EU離脱で揉めているイギリスですが、ポンドは、かつて世界の基軸通貨でした。取引量は日本についで4番目です。油田も抱えており、資源国のひとつとしても数えられています。「**ポンド/円**」は**値動きが激しいことで有名**で、**ハイリターンを狙うトレーダーに人気の通貨ペア**になっています。

・その他のメジャー通貨

豪ドル（AUD）、カナダドル（CAD）、スイスフラン（CHF）などがあります。

鈴木先生、その他にはどんな通貨があるんですか？

それではマイナーな通貨の種類やその特徴をお伝えしていきますね。

■マイナー通貨

国内のFX業者では、一般的にマイナー通貨の扱いは**クロス円が中心**です。マイナー通貨同士の通貨ペアなどはあまりありません。

・ニュージーランドドル（NZD）

政策金利の高さが人気でしたが、近年は利下げでその魅力も薄らいできています。農作物といった資源輸出国なので、干ばつなどの天候状態によっても為替レートは変動します。

・南アフリカランド（ZAR）

金やダイヤモンドといった**鉱物資源の値動きに左右されやすい資源国の通貨**です。政策金利の高さが人気で一時期よりも下げられていますが、それでも高い水準は維持しています。政情不安でのカントリーリスクにも要注意です。

・メキシコペソ（MXN）

金利が高い通貨の代表格であり、**スワップポイント狙いで「メキシコペソ/円」**を扱うトレーダーは多くいます。アメリカ経済に依存しており、米ドルの値動きに左右されます。

・トルコリラ（TRY）

高金利の新興国通貨として最も注目されています。カントリーリスクが高い国ではありますが、**スワップポイント狙いで扱いたい通貨**です。

・その他のマイナー通貨

人民元（CNH）、韓国ウォン（KRW）、香港ドル（HKD）、シンガポールドル（SGD）、ノルウェークローネ（NOK）、ポーランドズロチ（PLN）などがあります。

■扱いやすい通貨ペア

投資の世界では、**価格の動き（変動率）をボラティリティといいます**。ボラティリティの高い通貨ペアはハイリターンを狙えます。しかし、反対の方向に価格が動くとハイリスクとなります。

初心者の方は、FXに慣れるまでは、メジャー通貨で安定した値動きの通貨ペアを選んだ方がいいでしょう。**経済に関する情報も入手しやすいのがメジャー通貨のメリット**です。

FX初心者はまずは「米ドル/円」、「ユーロ/米ドル」で取引するのがおすすめです。

米ドルが下落すると、ユーロが上昇するといった相関関係も強いので、**どちらも扱っておくと、リスクヘッジ（リスクの分散）にもなります**。

そして慣れてきたら、少しずつマイナー通貨のペアにも挑戦していくのがいいのではないでしょうか。

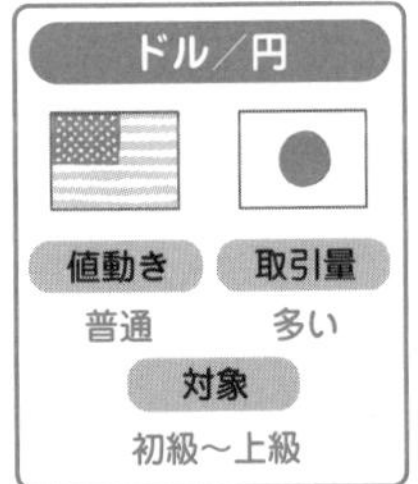

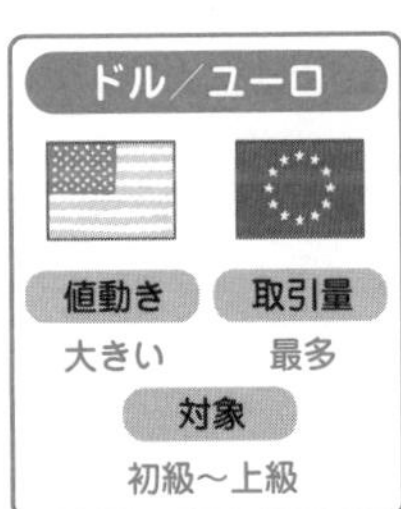

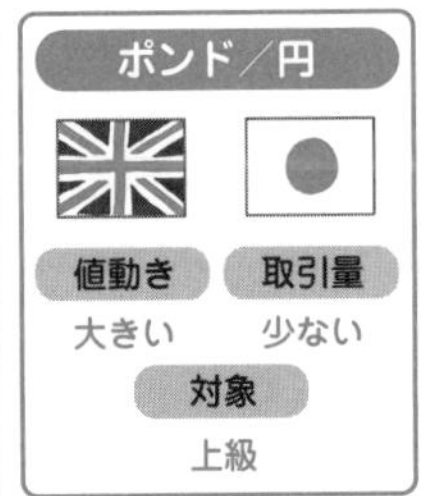

■pips（ピップス）の単位について

pips（ピップス）は、**為替レートの基本単位**のことを意味します。
円を含む通貨ペアと、円を含まない通貨ペアで見ていきましょう。

円を含む通貨ペア

米ドル/円やユーロ/円などの円を含む通貨ペアは、

1pips＝1銭＝0.01円

です。

つまり、米ドル円が110.100円から110.200円に上昇した場合、「0.10円＝10銭＝10pips」分だけ上昇したことになります。

円を含まない通貨ペア

一方で、円を含まないユーロ/米ドルや英ポンド/米ドルなどの通貨ペアの場合は、

1pips＝0.0001米ドル

となります。

つまり、ユーロ/米ドルが1ユーロ＝1.12400米ドルから1.12000米ドルまで下落した場合、「0.004米ドル＝40pips」分だけ下落したことになります。

通貨ペアの中には、円や米ドルを含まない、ユーロ/英ポンドや、ユーロ/豪ドルなどもありますが、**円を含まない通貨ペアは全て小数点第4位が1pips**を指します。

	円を含む通貨ペア	円を含まない通貨ペア
例	ドル円の場合	ユーロドルの場合
1pips＝	0.01円（1銭）	0.0001米ドル

FXのしくみとは?
メリット・デメリット

1日目では、いよいよFX(外国為替証拠金取引)のしくみについて解説をしていきます。
専門用語がたくさん出てきますが、図を使って分かりやすく説明していきます。
また、多くの人が混乱する外貨預金との違いについても、この章で理解しましょう。

FXって何？

鈴木先生、外国為替のしくみや円高・円安についてもわかってきたのですが、これからやってみたいFXとはどんな繋がりがあるのでしょうか？

FXは略称で、正しくはForeign Exchangeです。日本語に訳すと外国為替証拠金取引ですね。

FX（外国為替証拠金取引）って？

■ FX（外国為替証拠金取引）って？

FXは外国の通貨を買ったり売ったりして、その差益で利益を得る投資です。その大きな特徴として「**差金決済取引**（さきんけっさい）」と「**証拠金取引**（しょうこきん）」の2つが挙げられます。

FXの特徴
- 差金決済取引
- 証拠金取引

損益だけを決済する差金決済取引

「**差金決済取引**」とは、実際に通貨の両替をして売買代金を受け払いするのではなく、**売買で発生した『損益のみ』を受け払いするしくみ**のことです。

FXでは取引時に現金を出したり受けたりせず、実際に米ドルなどの外貨を引き出すことはできません。

詳しくは**外貨預金との違い**（40ページ）で解説しますが、損益のみを受け払いするしくみのためFXでは**売りから取引を開始**できたり、円しかもっていなくても円と関係のない**ユーロ/ドルなどを取引**できたりします。

取引の前に証拠金をFX会社に預ける証拠金取引

「**証拠金取引**」とは最初に証拠金と呼ばれる担保を預けて、取引ができるしくみのことです。

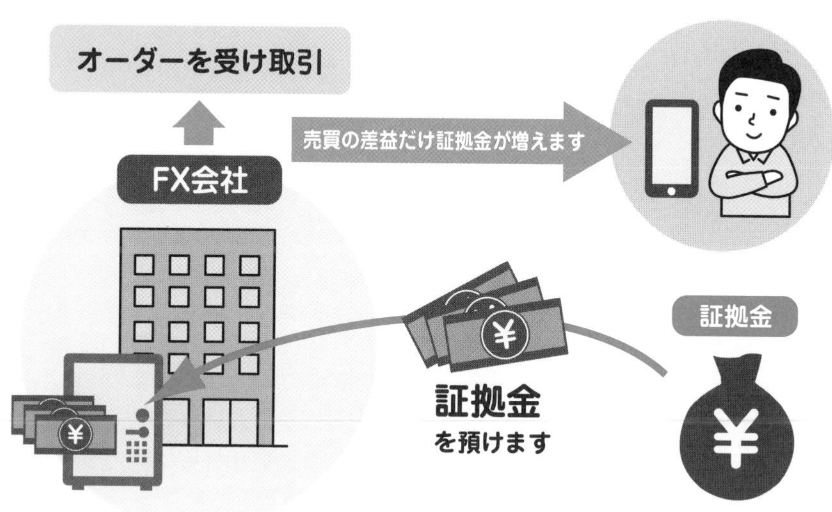

■FXはオンラインで取引ができる

FXでは、米ドルやユーロ、ポンドなど円以外の通貨の売買を行いますが、証券会社や銀行など特定の場所に出向いて売買をする必要はありません。

FXは「**すべてオンラインで取引することが可能**」になっています。インターネットの環境さえ整っていれば、パソコンからでも、スマホからでも手軽に取引ができるのです。

自宅にいる時だけではなく、外出先や移動中でもインターネットに繋がる場所にいればどこでもFXの取引ができます。

外国為替市場は平日24時間開いているので、いつでもどこでも取引できるのがFXです。

■裁量（さいりょう）トレードとシステムトレード

FXには大きく次の2つの取引方法があります。

- 裁量トレード：新規注文から決済まで自分ひとりで完結する取引
- システムトレード：自動売買ツールに注文や決済を任せる取引

裁量トレードについては、どこのFX会社で口座を開設しても始められます。**システムトレード**については対応しているFX会社が限定されています。

同じFXであっても、選択するFX会社によって取引方法は少し変わってくるということです。

ただし、FXの経験を積んでトレードの力を高めていくためにも、**最初は裁量トレードから始めて、FXのしくみや分析方法を学んでいくことがFX初心者にはおすすめ**です。システムトレードはFXに慣れてから始めていくのがいいでしょう。

ちなみにどんなにインターネットの環境が整っていても、FX会社で口座開設をして取引ができる状態でなければ、FXを始めることはできません。

少なくともひとつのFX会社での口座開設の手続きは必要になります。FX会社の選び方や口座開設の方法については2日目（60ページ参照）で詳しく説明していきます。

FXで利益が出るしくみ

FXで利益を出そうと考えたら、上昇しそうな通貨を買って、上昇したら売ればいいということですよね。

それが一番わかりやすいですね。FXの取引では、その逆の方法、つまり下落しそうな通貨を売って、下落したら買うという方法でも利益を出せるんです！

為替差益によるFXの利益

FXは差金決済取引のため、FX口座に円で入金したとしても、**米ドル売りから取引する**ことが可能です。つまりどんな通貨の買いからでも、売りからでも取引できるという自由度がFXにはあります。

そして、FXで利益を出すには、「**安い時に買って高い時に売る**」または「**高い時に売って安い時に買う**」のどちらかとなります。

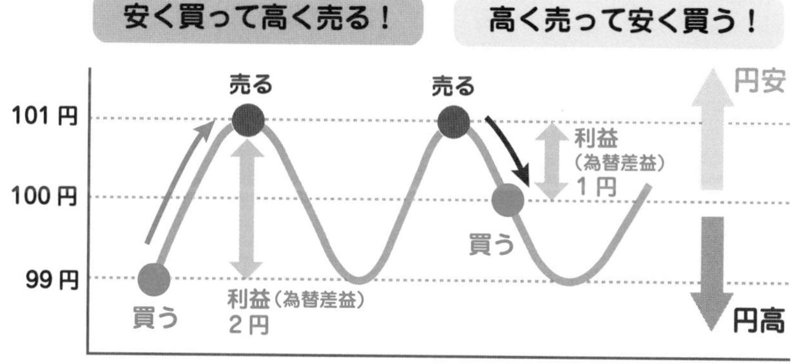

これを**為替差益（キャピタルゲイン）**と呼びます。

例えば、1ドル99円で買って、1ドル101円に上昇したときに売れば差額の**2円が為替差益**になります。

また、1ドル101円で売って、1ドル100円に下落した時に買えば差額の**1円が為替差益**となります。

混乱してしまう人は、為替レートをモノの値段と考えると非常にスッキリします。

ちなみに1ドル99円で買って、予想に反して下落し、1ドル95円に下がったら差額の4円が為替差損となります。

このように買いからでも売りからでも始められるので、FXは予想さえ的中すればどんな場面でも利益を出すことは可能ということになります。

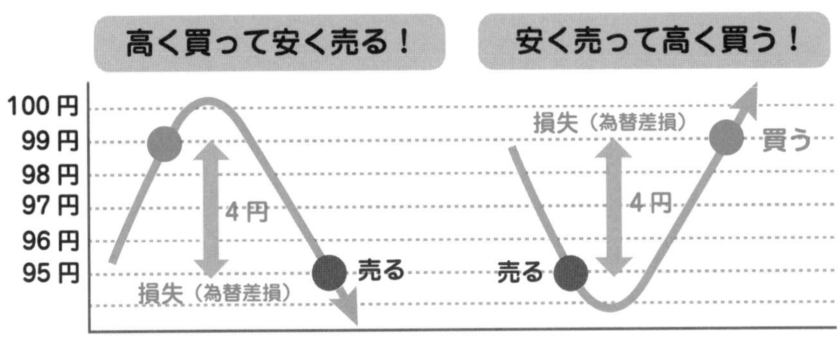

■為替差益以外のFXの利益

FXは為替差益（キャピタルゲイン）だけでなく、**スワップポイント**（44ページ）**というインカムゲイン**から利益を得ることもできます。これは**低い金利の国の通貨を売って、高い金利の国の通貨を買うことで、金利差分の利益を毎日受け取ることができるしくみ**です。

それでは、為替差益とスワップポイントではどちらの方が大きく稼ぐことができるのでしょうか？　答えは圧倒的に**為替差益**です。

特に**短期で売買するトレードスタイルの場合はほぼ為替差益で稼いでいく**ことになります。

FX初心者の頃は、為替レートが上昇するのか、下落するのか予想しやすい通貨ペアを扱っていくことがおすすめです。

外国為替レートの見方

FXで利益を出すためには、どの通貨ペアを扱うのかという選択も重要なんですね。初めは、米ドル/円とか米ドル/ユーロあたりのメジャー通貨のペアがいいでしょうか。

ちょっと待ってください。確かに米ドルとユーロの通貨ペアは扱えますが、米ドル/ユーロとは呼ばないですね。

え？　もしかして通貨ペアってどちらの通貨を先に呼ぶのか決まっているんですか？

■為替レートの表記のしかた

為替レートのルールですが、通貨ペアを横に表記した場合、**左側の通貨を１単位分だけ購入する際に必要な右側の通貨量**を示しています。

例）

米ドル/円（USD/JPY）

104.501 → 1ドル 104.501円

ユーロ/米ドル（EUR/USD）

1.12150 → 1ユーロ 1.12150ドル

左側にくる通貨は、ユーロが最も優先され、次に英ポンド、豪ドル（オーストラリアドル）、NZドル（ニュージーランドドル）、米ドル、その他の順番となります。

したがって**ユーロ/米ドル**や**英ポンド/米ドル**の表記が一般的であり、米ドル/ユーロや米ドル/英ポンドとは呼びません。

ただし、あくまでも原則なので、原則に反して逆の表記をしているFX業者もまれにありますが、まずは世界統一のルールに慣れていきましょう。

■為替レートの読み方　BIDとASKって？

為替レートは2つ並んで表記されます。売りたい時に適用されるレートが左側の「**BID(売値)**」、買いたい時に適用されるレートが「**ASK(買値)**」です。

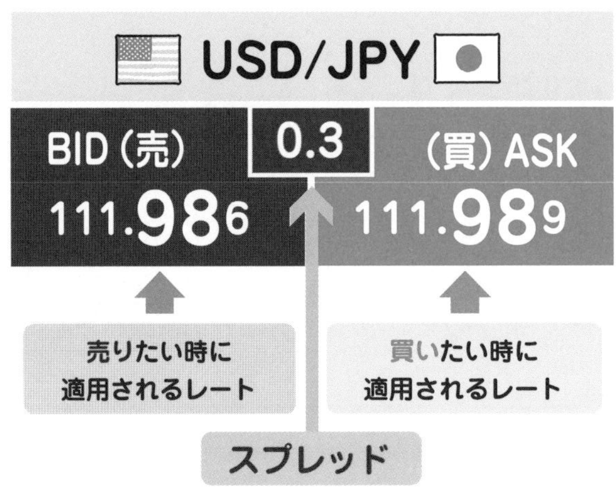

なので、買いから取引を始める際は最初に右側のASKが適用され、売りで決済をする時には左側のBIDが適用されます。

BIDとASKには価格差があり、この差額を「**スプレッド**」と呼びます。スプレッドは取引コストになります。スプレッドは通貨ペアによって異なりますし、FX業者によっても違いがあります。

取引コストを抑えたいのであれば、できるかぎりスプレッドの狭い通貨ペアやFX業者を選択するのがいいでしょう（スプレッドは原則固定のFX業者が多いですが、原則固定でも、相場が急変動している時は一時的にスプレッドが広がることがあります）。

例）**米ドル/円**

BID　**111.986**　ASK　**111.989**

この為替レートの場合、米ドルを売りたければ1ドル111.986円、米ドルを買いたければ1ドル111.989円です。**スプレッドは0.3銭**となっています。仮に米ドルを買った瞬間にすぐ売ると、0.3銭の損失になるということです。

ロング（買）とショート（売）

ちなみに、買いから取引を始めることを**ロング**、売りから始めることを**ショート**と呼んでいます。

FXではどんな通貨ペアであっても、ロング、ショートのどちらからでも取引を始めることができます。

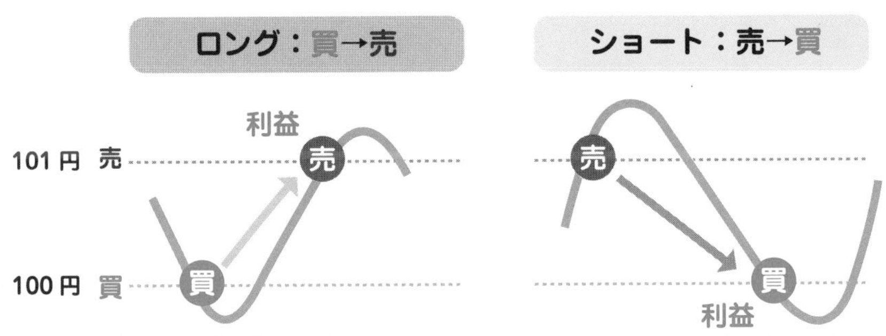

❖POINT❖　ASKとBID、ロングとショート

為替レートの通貨ペアは、左側の通貨を１単位分だけ購入する際に必要な右側の通貨量を示しています。

米ドル円といった場合、１米ドルで購入できる円の通貨量です。

為替レートの表示にはASKとBIDの２つが表示されています。

ASK：買値

BID：売値

買いから始める取引は「**ロング**」、売りから始める取引を「**ショート**」といいます。

1-04 外貨預金と何が違うの？

鈴木先生、外国為替の投資には外貨預金という手法も聞いたことがありますが、FXと外貨預金って同じものと考えていいのでしょうか？

外貨預金も利息が付きますし、決済で為替差益を狙うことができます。
そこは共通ですが、両者には決定的な違いがあります。その違いもはっきり認識しておきましょう。

■外貨預金は売りから入れません

FXは32ページでも解説した通り、「**証拠金取引**」と「**差金決済取引**」です。FX業者に証拠金と呼ばれる担保となる資金を預け、売買で発生した**損益のみが口座に反映**されます。

例えば、30万円の証拠金を預けて、売買して2万円の利益が出れば、口座の残高は32万円に増えます。

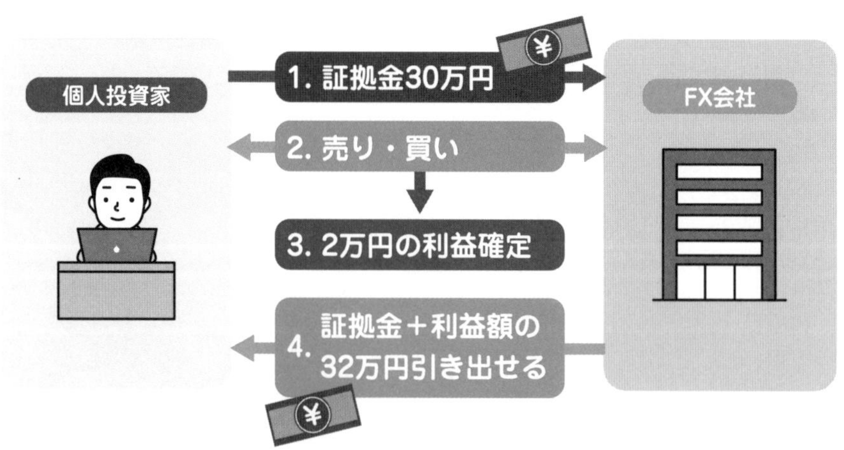

FXでは**実際に米ドルを保有していなくても、証拠金を預けておけば米ドルを売って円を買う**という取引が可能になるのです。

外貨預金は、実際の現物を保有します

一方で外貨預金の場合は、**実際に外貨の現物（現にある通貨）を売買**します。

米ドル/円の通貨ペアであれば、円を米ドルに交換して、銀行口座に預けます。

例えば、10万円を米ドルで預金すると、1ドル100円の場合、銀行口座の10万円は1000ドルの外貨預金に替わります（※実際は手数料がかかります）。

外貨預金ではこのまま現物の米ドルを札束として引き出すことも可能です。

一方、FXでは米ドルを買って保有していても、**米ドルの現物を口座から引き出すことはできません**。

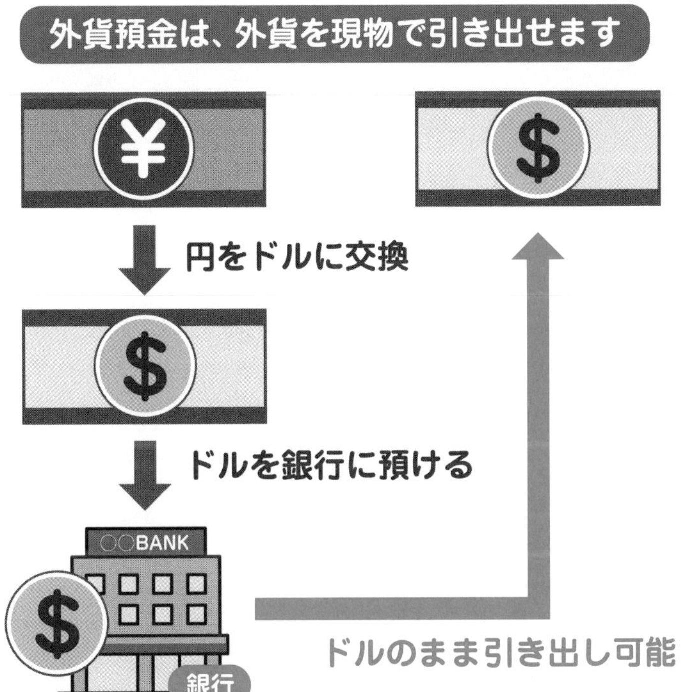

外貨預金は米ドルの売りから取引を始めることができません。

米ドル/円で円高に傾いた場合、外貨預金では米ドルを売って円を買うといった方法での為替差益を狙うことはできないということになります。

一方、FXでは、円高のトレンドであっても、米ドルを売って円を買う取引で為替差益を狙うことができます。

為替レートがどちらに動いても為替差益を狙っていけるのがFX、円安の際だけ為替差益が生まれるのが外貨預金ということです。このように外貨預金は利益の出し方が限定的なのです。

外貨預金とFX

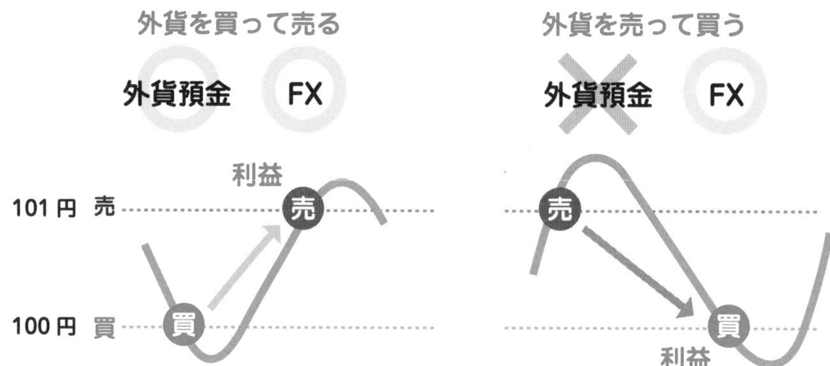

■取引コストが高く、利息を受け取れる時期も制限あり

その他にもFXと外貨預金では異なる点があります。

ひとつは「**取引コスト**」です。

FXでは手数料無料というのが一般的ですが、買値と売値に差がありますので、この**スプレッドが取引コスト**になります。**外貨預金はこの取引コストが高い**のです。

どのくらい違うかは利用する業者や金融機関によって変わってきますが、10倍以上の違いがある場合もあります。

取引コストを抑えて外国為替で稼ぎたいのであれば、外貨預金よりもFXの方が圧倒的に有利です。

外貨預金の利息にあたるFXのスワップポイントは、**毎日受け取ることができます**。詳しくはこの次の「スワップポイントとは？」(44ページ) の内容をご覧ください。

しかし、**外貨預金では利息の受け取りは原則満期時**です。FXの方がスワップポイントをタイムリーに受け取り、すぐに投資に費やすことができるので、複利効果もより高くなっていきます。

■外貨預金はレバレッジ1倍

FXと外貨預金の最後の違いは、外貨預金は100万円という資金があった場合、100万円分の預金しかできませんが、FXはレバレッジを効かせて何倍もの取引ができるという点です。

外貨預金はレバレッジが1倍なのに対して、**FXは最大25倍までレバレッジ**を効かすことができます。

逆に言うと、1倍のレバレッジのFX取引は外貨預金と同じということです。その他の条件は説明したようにFXが断然有利です。

詳しくは「メリット①レバレッジが使える（47ページ）」で解説します。ハイリターンが狙えるという点でも、外貨預金とFXでは大きな違いがあるということです。

外貨預金とFXの比較

	FX	外貨預金
利益	円安、円高の両方	円安方向のみ
取引手数料	スプレッド 0.2銭前後	払い戻し時2～50銭
レバレッジ	資金の25倍	手持ち資金のみ
差益の税	分離課税 20%	総合課税 5～45%

POINT 外貨預金とFXでは、税金でもFXが有利

外貨預金で得た取引利益は**総合課税**で課税されます。ということは所得の高い方には高税率が適用されてしまいます。

一方、FXでは、**分離課税**といって、所得にかかわらずFXの利益部分には20%の一律の課税となります。

所得の高い方にはFXはダンゼン有利なんです。

スワップポイントとは？

スワップポイントというものが、金利収益のことなんですか？　FXだと毎日受け取れるということは、毎日一定の利益を得られるってことですよね。

そうですね。金利が高い通貨の買い建玉（ポジション）を保有しているだけで、自動的に毎日（毎営業日毎）付与されます。これを狙ったトレードスタイルもあるくらいです。

とてもリスクが低そうで興味があります。鈴木先生、ぜひ詳しくスワップポイントについて教えてください！

■スワップポイントは2通貨の金利差から発生する利益

スワップポイントとは、**2つの通貨の金利差から発生する利益**です。

FXでは、**金利が高い通貨を買って保有**しておくと、スワップポイントを受け取れます。逆に、金利が低い通貨を売りから取引すると、スワップポイントの支払いとなります。

例えば、高金利通貨として有名なトルコリラを買い、円を売る取引をすると、金利差に応じたスワップポイントを決済するまで毎日受け取ることができます（数日分がまとめて付与される時もあります。後ほど説明）。

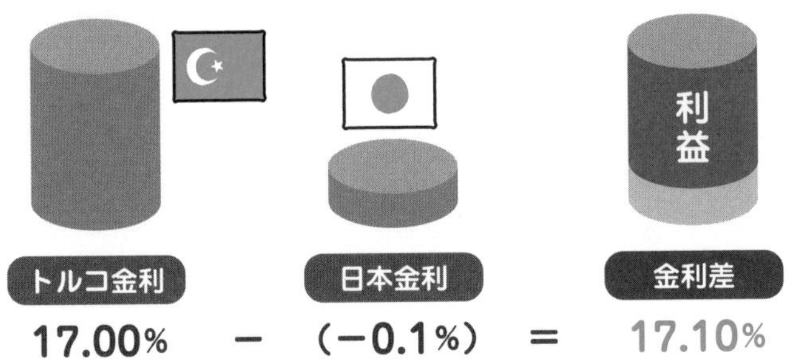

スワップポイントは毎日変動しており、日々数値が異なります。

比較してみるとすぐにわかるのですが、スワップポイントは通貨ペアによって異なりますし、同じ通貨ペアでも利用するFX業者でも違います。

また、その通貨ペアに強いFX業者もあれば弱いFX業者もあります。**扱いたい通貨ペアに強いFX業者を選ぶことも重要**です。

■スワップポイントがもらえるタイミングは？

スワップポイントがいつ付与されるのかというタイミングですが、建玉をニューヨーク市場が**終了する時間帯（※）をまたいで持ち越した場合に発生**します。※日本時間の午前７時（夏時間では午前６時）

もし、その時間の前に決済してしまうと、スワップポイントは受け取れません。

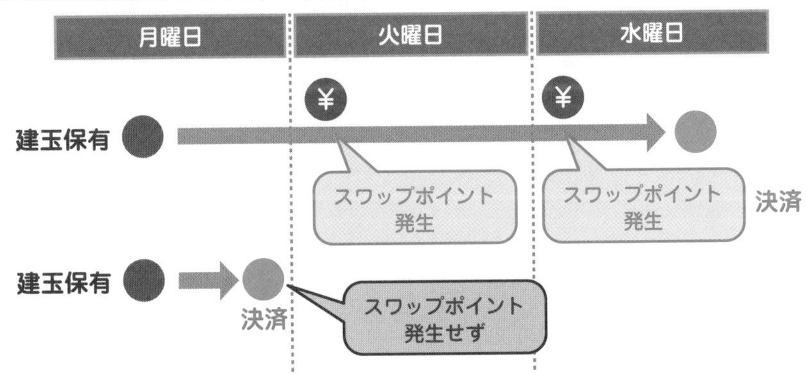

土曜、日曜の分は水曜日や木曜日に3日分がまとめて付与されます。ゴールデンウィークや年末年始は為替市場が休みになる期間が長くなるため、まとめて付与されるスワップポイントもその分だけ多くなります。

スワップポイント狙いのスワップ投資

ちなみに**スワップポイントは建玉の量に比例します**。建玉が2倍になれば、もらえるスワップポイントも2倍になります。

ですから、スワップポイントを狙ってトレードするトレーダーは、レバレッジを効かせて多くの建玉を保有し続けるのです。このようなトレードスタイルを「**スワップ投資**」と呼びます。

ただ保有し続けるだけで毎日スワップポイントを得ることができるので、負担なくFXで稼ぐことができます。

しかし、リスクとしては為替レートが反対の方向に動くと、スワップポイント以上に為替差損が発生してしまう時もあります。

POINT マイナスのスワップポイントに注意！

スワップポイントで注意したいのは、**マイナスのスワップポイント**です。

金利の高い通貨を買って保有しているときは、スワップポイントがもらえますが、金利が高い通貨を売りから入った場合（ショート）、マイナスのスワップポイントが発生し、毎日、証拠金から引かれます。

損切りを怠って塩漬けになったショートの建玉をもった場合は悲惨です。

1-06 FXのメリット① レバレッジが使える

外貨預金のお話のときにも、スワップポイントのお話のときにもレバレッジという言葉が登場してきましたが、レバレッジって何ですか？

てこの原理については知っているでしょう。てこを利用すれば小さな金額でも大きな金額を動かすことが可能です。レバレッジとは、てこのことなんですよ

■ レバレッジ1倍とレバレッジ20倍の違い

FXは証拠金取引なので、預けた資金の**最大25倍までの取引ができます**。例えば、資金10万円であれば最大250万円の金額まで取引ができます。このしくみを「**レバレッジ**」と呼びます。

資金10万円で250万円の取引ができます！

レバレッジ25倍

250万円

10万円

資金

最大の取引額

レバレッジを効かせると、得られる利益を大きくすることができるのです。レバレッジをまったく効かせなかった場合（レバレッジ1倍、外貨預金と同じ）と、レバレッジを20倍で取引した場合にどれだけ違うのか検証してみましょう。

資金100万円で米ドル/円が1ドル100円の為替レートの際に、米ドルを買ったとします。決済は為替レートが1ドル101円に上昇したタイミングで行い、利益を比較してみます。

1倍と20倍のレバレッジの利益の比較

レバレッジ	1倍	20倍
資金	100万円	100万円
取引数量	1万ドル （100万円）	20万ドル （2,000万円）
利益	1万円	20万円

同じ資金でFXをしたとしても、レバレッジ1倍とレバレッジ20倍では、「利益も20倍の差」があります。同じ1円の変動でも利益は大きな差です。

このように、FXはレバレッジを効かせることで「**少ない資金でも大きな利益が得られる**」というメリットがあるのです。

ただし、後で解説しますが、レバレッジを利かせた取引はメリットにもなる一方で、**リスク管理をしないと大損をまねくデメリットにもなります**。

■レバレッジは何倍まで効かせられるのか

ひと昔前まで100倍や50倍といったレバレッジを効かせることができたFXですが、金融庁からの規制により、現在、日本では**FXのレバレッジは「最大25倍」に制限**されています。

ただし、利益が25倍になるということは、損失が25倍になるリスクもあるということです。FX初心者の頃はレバレッジ2倍、3倍辺りの低いレバレッジで取引していくのがおすすめです。レバレッジを高くするのは慣れてきてからにした方がいいでしょう。

レバレッジをコントロールして取引する

ここで非常によくある誤解ですが、レバレッジ25倍というのはあくまでも限界が25倍ということなので、常に25倍で取引しなければならないということではありません。

また、レバレッジを1倍、2倍とレバレッジ自体を設定するわけではありません。では、レバレッジはどうやってコントロールするのか？

これは80ページで解説する取引する際の「**ロット（取引数量）**」を決めることでレバレッジを自在に決めることができます。

❖POINT❖　レバレッジは同じだけのリスクも背負います

レバレッジはうまくいくと少額の元手でたくさんの利益を得られます。

一方、損失を出したときには、**利益のときと同じだけの損失が出るというデメリット**も併せ持っていることを覚えておきましょう！

1-07 FXのメリット②取引手数料が安い

レバレッジも使えて24時間取引できて、FXはとても稼ぎやすい投資方法ですね！

そうです。FXはサラリーマンから主婦、学生まで幅広い層に受け入れられているんですよ。それでいて**取引手数料も格段に安いんです**。

先ほど鈴木先生がお話されていた、**スプレッド**というものですね。実際に**取引手数料はどのくらい**かかるんでしょうか？

■スプレッド0.1銭と1.0銭の差

FXは、外貨預金の取引手数料の10分の1ほどに抑えられることはお伝えしてきた通りですが、このFXのスプレッドは通貨ペアや取引に利用するFX業者によっても差があります。

ここでは、**最も取引手数料の安い「米ドル/円」**を例にして、FXを1ヶ月行った際の取引手数料を検証していきます。

FXで米ドル/円の1万通貨（ドル）の売買を1日3回繰り返したとします。1カ月間に23日間取引できる平日があったとすると、合計69回の取引ができます。

スプレッドが0.1銭のFX業者であれば、

1万通貨の**1回の取引手数料**は「0.1銭×1万＝**10円**」ですから、

1ヶ月の合計は「10円×69＝**690円**」です。

一方、外貨預金の手数料がFXの10倍の1.0銭だとすると、取引手数料は合計で6,900円になりますので、FXの方が圧倒的に利益を出しやすいわけです。

このように、**FXは取引手数料の安さがトップクラスの投資方法**なのです。

■スプレッドが広がるのはいつ？

スプレッドは「原則固定」となっていますが、**取引をするタイミングによっては広がる**ことがあります。

相場の変動が大きくなると、0.1銭のスプレッドも1.0銭まで広がることもあるのです。ここで取引すると10倍以上の取引手数料がかかってしまうので注意してください。

流動性が低くなるとき

流動性が高く取引が多い時はスプレッドが安定しているのに対し、**流動性が低くなる（取引が少なくなる）とスプレッドが広がる**傾向にあります。

一日の時間帯で、ニューヨーク時間の閉まる時間帯（日本時間で5〜8時ぐらい）は流動性が低くなりスプレッドが広がりやすくなります。

為替レートが急激に変動するとき

また、アメリカの**重要な経済指標発表の直後**、特に毎月最初の金曜日に発表される「**雇用統計**」直後など、為替レートが大きく変動するときにもスプレッドが広がります。

といっても**数分経過すると落ち着いてきて、スプレッドは通常に戻ります**。なので、慌てずに状況を見定めてから取引するのがいいでしょう。

POINT FX会社の利益となるスプレッド

FX会社は、スプレッドで利益を得ています。**売りと買いのレートの差**、それがスプレッド。この差が少ないほど、投資家の利益が大きくなるわけです。

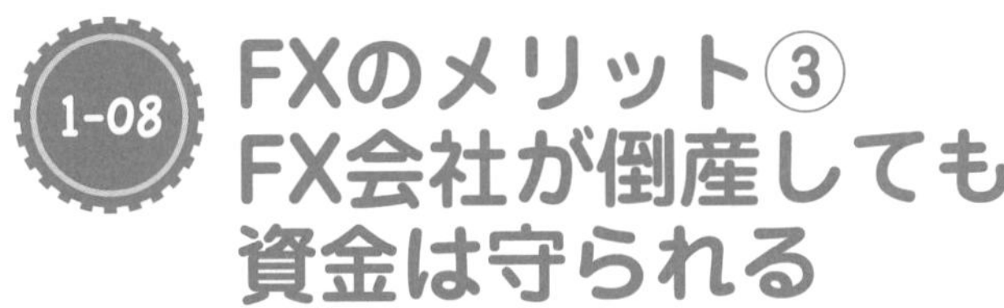

FXのメリット③ FX会社が倒産しても資金は守られる

鈴木先生、FXを始めるうえで心配なことがあるのですが、FX会社がもしも倒産した場合、預けていた資金はどうなってしまうのでしょうか？　返ってこないというリスクはありませんか？

それについては金融庁の規制によって、どこのFX会社でも全額信託保全を義務づけられているので心配はいりませんよ。ただし海外のFX会社を利用する場合は別です。

■FXでは証拠金は全額保護されます

現在の金融庁の規制では、**FX会社には全額信託保全が義務**づけられているので、顧客の資産は100%守られています。仮に**FX会社が破綻しても全額返金されるしくみ**です。

国内のFX会社を利用している場合は、心配する必要はありません。

一方、銀行への預貯金の場合には、**ペイオフ**という預金保護制度があり、銀行が倒産したときには、1つの金融機関につき1預金者あたり元本1000万円までとその利息の預金が保護されます。

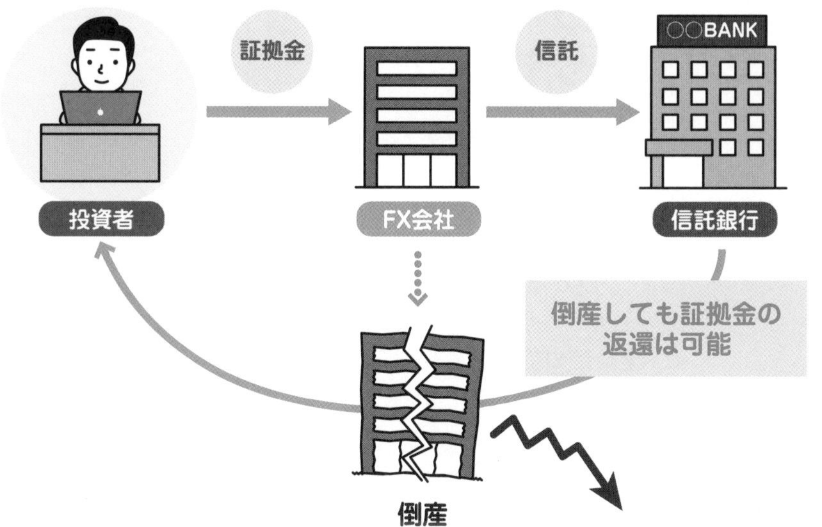

ただし、**金融庁の管轄外の海外FX会社**の場合、海外のFX会社には信託保全が義務づけられていません。

なので、顧客の資産が全額補償されない場合もあります。同じFXでも、国内の方がはるかに安全だということが言えます。

ちなみにFX会社が破綻することなどあるのかという点ですが、2015年のスイスフランショックの際には実際に海外の大手FX会社が破綻しています。ですからまったくあり得ない事態ではないのです。

このような事態に陥っても国内のFX会社では**しっかりと顧客資産が守られているという点が、大きなメリットとなります**。

POINT　銀行預金よりも安全なFXの証拠金

銀行が倒産しても守られるのは 1000 万円までです。

一方、FX 会社では FX で **1000 万円以上の部分も保護される**しくみがあり、安心して預けることができます。

ただし、海外の FX 会社の場合は、この規制に則っていない会社もあります。

FXのデメリット①リスク管理をしないと大損の可能性

FXが少額から始められて、取引も便利で、信託保全の面からも安全だということがよくわかりました。早速始めたいです!!

FXを始める前に、メリットだけではなく、デメリットについてもしっかり認識しておくことが大切です。FXだけでなくあらゆる投資において、**大きな損失を抱える可能性がある**からです。

■損切りできないとロスカットになる可能性がある

為替レートは上昇することもあれば、下落することもあります。予想が外れて含み損を抱えていても、時間が経つと為替レートが戻り、含み損がゼロになったり、逆に含み益になったりすることもあるのです。

しかし、FXで一番危険なのは、「**いつか戻る**」という**楽観的な姿勢が癖付いてしまうこと**です。

確かに戻ることはあります。

しかし、戻らないこともあるのです。

予想とは逆の方向に強いトレンドが発生した場合です。こうなると含み損がどんどん膨らんでいきます。

追加の証拠金が必要になるマージンコール（追証）

FXには**含み損が一定の水準になる**と、追加の証拠金入金が必要になる「**マージンコール（追加証拠金制度、略して追証（おいしょう））**」があり、期日までに入金しないと含み損を抱えた建玉（たてぎょく）が**強制決済**になります。

期日前でも建玉が強制決済されるロスカット

また、期日にならずとも期日前に更に含み損が拡大した場合、有無を言わさず建玉が決済される「**ロスカット**」のしくみもあります。

この含み損の状況は「**証拠金維持率**」という指標で図り、一般的に**証拠金維持率が100％でマージンコール、50％でロスカットが発生**します。（ロスカットの水準はFX会社によって異なります）。

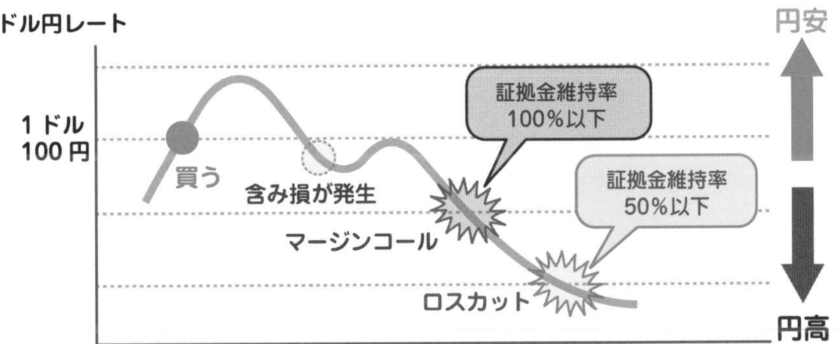

このようなロスカットに遭わないように、レバレッジを適正な水準にとどめ、**含み損が大きくなる前に決済してしまうことが大切です**。

■FXの勝率を左右する損切り

含み損が小さな時に決済し、損失を最低限に抑えることを「**損切り**」と呼びます。

FXでは損切りできないとトータルの収支をプラスにすることが難しくなります。

1回の負けが大敗となり、これまでの勝ち分をすべて吹き飛ばしてしまうからです。損切りはリスク管理に欠かせない手法です。

自動的に損切りできる注文方法の「**逆指値注文**（ぎゃくさしね）」については、2日目（74ページ）の「注文方法の種類　基本編」で詳しくお伝えするので、そちらをご覧ください。

1-10 FXのデメリット②
ハイレバは借金のリスク有り

いくら便利な投資方法でも、リスク管理を怠れば元本割れしてしまう可能性があるんですね。

元本割れだけではありません。**ハイレバレッジの取引でリスク管理ができていない状態だと、借金を背負うリスクもある**んですよ。

え！投資をしていて借金することもあり得るんですか!?

■証拠金のマイナスを防止するのがロスカット

ロスカットがない場合、含み損が膨らんでいくと、元本割れどころか証拠金がマイナスになり「**借金返済のための追加証拠金（追証）**」が発生してしまいます。

そこまでの損失にならないよう、**ストッパーの役割を果たしているのが「ロスカット」です**。このロスカットが作動すれば、通常は証拠金がマイナスになり、借金状態に陥ることはありません。

相場の急変に注意

ロスカットによって基本的にはFXで借金を背負うことはないのです。しかし**ハイレバレッジで相場が急変した場合**、この**ロスカットが間に合わずに借金を背負う**可能性もあります。

例えば、重大な政治・金融イベントや戦争・災害などの事件が発生した場合、為替レートが急変動しますので、一時的に取引が成立しないケースもあります。

そして取引が再開した頃には、為替レートがすでにロスカットの水準を超えており、大きな損失を生むことがあります。

ハイレバレッジで建玉を限界まで保有していると、証拠金維持率0%（資金全額を失った状態）どころか、**証拠金維持率がマイナス（借金状態）**になる可能性が高まります。

ロスカット前にも**マージンコールで追加証拠金を求められる**ことがありますが、証拠金がマイナスになった場合の追証とは意味が違いますので、いかにハイレバレッジが危険か理解しましょう。

■実際に起こった実例：スイスフランショック

過去に起きた事例として、スイスフランが急落し、FX業者側でも為替レートを提示できなくなり、取引停止になった出来事がありました。

2015年の「スイスフランショック」です。実に4,000pips(※）もの急落が短時間で起こったのです。

※pips（ピップス）はFX取引において使用される単位（30ページ参照）。
米ドルでは1pips=0.01円（1銭)、ユーロ/米ドルでは「1pips=0.0001米ドル」。

為替レートがようやく提示された頃にはロスカット水準を大きく割り込んでいるトレーダーも少なからずいたようです。ロスカットにならず、**為替レートが提示された瞬間に証拠金維持率はマイナス**となっており、この状況でロスカットされるわけですから目もあてられません。

当時のスイスフランはもみ合いの状況が長く続いており、スワップポイント狙いで限界まで建玉を買い足して取引していたトレーダーが多かったです。

問題は、「**ハイレバレッジで建玉を限界まで保有する**」ということです。この場合は、不慮の事態に陥った際に、**借金の追証が発生するリスク**がとても高くなるので注意してください。

FXはとても便利で、少額でも大きなリターンを狙える投資方法ですが、このようなデメリットもありますので、注意してください。

Column　人間が本能的に損切り出来ない理由とは？

ここまでの解説で損切りの大切さは痛いほど理解できたかと思います。
しかし、実際の取引では、多くの人が頭では分かっているけど、実際になかなか損切りできないものです。
それはなぜか？
実は、人間は心理学的に、同じ金額の利益と比べて同じ金額の損失の痛みの方がはるかに大きく、損失を回避する習性があるためです。これを「**プロスペクト理論**」と呼びます。

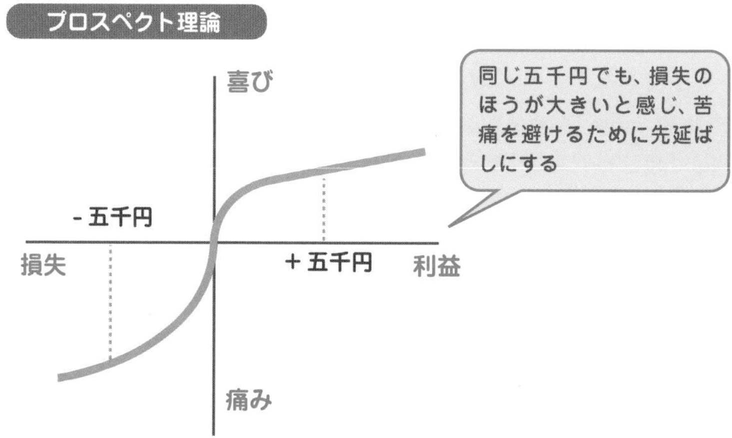

例えば、５千円の利益と損失を比べた場合、５千円の利益で得る喜びより、５千円の損失で受ける苦痛の方がはるかに大きいのです。
このため、「利益確定は簡単に出来るけど、損切りは先延ばしにする」傾向が生まれます。
しかし、6日目の資金管理でも解説しますが、損切りを先延ばしにすればするほど、FXでは致命的な失敗で退場する可能性が高くなります。
FXで稼ぐためには、強い気持ちを持ち、人間の持つ本能に打ち勝つ必要があるのです。

2日目

今日からFXをはじめよう！注文方法を図で解説

2日目ではFXの始め方や注文方法の種類について学習していきましょう。
FXを始める際には、最初にFX会社にて口座を開設する必要がありますよ。今回はFX会社を選ぶ際の注意点や、おすすめのFX会社も紹介します。
また、注文方法もいくつか種類があるので、それぞれの注文方法を理解してください。

FX会社は信頼できる会社を選ぼう

鈴木先生、FXの仕組みについてよくわかりました！

実際にやってみることが理解の第一歩ですね。実際にFX会社で口座を開設して、取引を始めてみましょう。

ついにFXができるのか、興奮してきました！
でもFX会社ってたくさんあって、どの会社で口座を開設すればいいか、わかりません。

■FX会社を選ぶ大切な基準は、信頼性の高さ

日本国内には数十社以上ものFX会社があります。それぞれがやや異なるサービスを提供していますので、どのFX会社を選ぶのか悩むところです。

FX会社を決める際に注目すべき点はどこになるのでしょうか？

取り扱う通貨ペアで比較する

まず、FX会社によって「**扱っている通貨ペア**」が異なります。

トルコリラ円を買いたいけど、こっちのFX会社では扱っているが、あっちのFX会社では扱っていないといった場合です。

新興国通貨についてはこのような差がありますが、米ドル円やユーロ円といったメジャーの通貨ペアは基本的にはどこも扱っていますので、FX初心者であれば取り扱っている通貨ペアの種類はあまり気にしなくていいでしょう。

スプレッドやスワップポイントで比較する

「**スプレッド**」や「**スワップポイント**」の違いです。

スプレッド（38ページ参照）は売りと買いの価格の差で取引コストになります。

スワップポイントは、2通貨間の金利差によって生じる損益です（44ページ参照）。スワップポイントもたくさんもらえたほうがいいですね。ただし、大きなスワップポイントは買いでもらえますが、売りポジションのときは、たくさん出ていくので注意が必要です。

●スプレッドの比較一覧

FX会社	米ドル/円	ユーロ/円	ポンド/円	豪ドル/円	ユーロ/米ドル
セントラル短資FX	0.1銭	0.4銭	0.9銭	0.4銭	0.3pips
DMM FX	0.2銭	0.5銭	1.0銭	0.7銭	0.4pips
FXブロードネット	0.2銭	0.5銭	1.0銭	0.6銭	0.3pips
インヴァスト証券	0.3銭	0.5銭	1.0銭	0.6銭	0.3pips
外為オンライン	1.0銭	2.0銭	4.0銭	3.0銭	1.0pips
GMOクリック証券	0.2銭	0.5銭	1.0銭	0.7銭	0.4pips
ゴールデンウェイ・ジャパン	0.1銭	0.3銭	0.6銭	0.4銭	0.2pips
マネーパートナーズ	0.3銭	0.4銭	0.7銭	0.5銭	0.3pips
アイネット証券（ループイフダン口座）	2.0銭	3.0銭	5.0銭	4.0銭	2.0pips
みんなのFX（トレイダーズ証券）	0.2銭	0.4銭	0.8銭	0.6銭	0.3pips

調査日：2021年3月29日時点
注）スプレッドの数値は原則固定の他、時間帯により例外があります。
最新の情報は各FX会社の公式サイトをご確認ください。

●スワップポイントの比較一覧

FX会社	米ドル/円	豪ドル/円	トルコリラ/円	メキシコペソ/円
セントラル短資FX	4円	0円	20円	6円
DMM FX	5円	1円	取り扱い無	取り扱い無
FXブロードネット	3円	1円	取り扱い無	取り扱い無
インヴァスト証券	5円	1円	60円	取り扱い無
外為オンライン	0円	0円	0円	5円
GMOクリック証券	6円	1円	57円	4円
ゴールデンウェイ・ジャパン	2円	0円	39円	5円
マネーパートナーズ	2円	1円	10円	3円
アイネット証券（ループイフダン口座）	10円	2円	50円	8円
みんなのFX（トレイダーズ証券）	12円	0円	60円	6.1円

調査日：2021年3月29日時点
注）スワップポイントは日々変動していますので、必ずご利用のFX会社の公式サイトにて最新の情報をご確認ください。

■自動売買ツールが使えるか？

FX自動売買ツールは、相場状況をコンピューターが把握して、新規の注文や決済などの取引を自動的に行うプログラムです。「**自動売買ツール**」を利用したシステムトレードが使えるかどうか、ツールを使いたい方は要チェックです。

●自動売買に対応しているFX会社一覧

FX会社	対応有無	名称
セントラル短資FX	○	セントラルミラートレーダー
DMM FX	×	
FXブロードネット	○	トラッキングトレード
インヴァスト証券	○	トライオートFX
外為オンライン	○	iサイクル2取引
GMOクリック証券	×	
ゴールデンウェイ・ジャパン	×	
マネーパートナーズ	○	連続予約注文
アイネット証券	○	ループイフダン
みんなのFX（トレイダーズ証券）	○	みんなのシストレ

調査日：2021年3月29日時点
注）自動売買のサービス内容の詳細は、各FX会社の公式サイトをご確認ください。

■FX会社の信頼性を示す指標

FX口座を開設する際に、大切にしてほしいポイントは「**信頼性**」です。

自分の資金を預けるわけですから、スプレッドやスワップポイントばかりに左右されず、次に掲げる信頼度の指標を参考に、**本当に信頼できるFX会社を選ぶようにしてください**。

しかしどのFX会社が信頼できるのか、どう判断すればいいのでしょうか？

TVのCMや公式サイトを見ているとどこも信頼できるFX会社に思えてきます。そこで**FX会社の信頼性を示す指標**をご紹介していきます。

① 自己資本規制比率の高さ

FX会社の規模を示すものに資本がありますが、そこからさらにリスクに対応できる支払い能力を算出したのが、自己資本規制比率です。

自己資本規制比率は

固定化されていない自己資本の額÷リスク相当額×100

で求められ、財務の健全性を測る重要な財務指標となります。

金融商品取引法によって「120％以上」を維持することが義務化されており、**この数値が高いほど健全な経営ができている**ということです。

●自己資本規制比率の比較

FX会社	自己資本規制比率
セントラル短資FX	970.90%
株式会社DMM.com証券	366.40%
FXブロードネット	527.50%
インヴァスト証券	482.10%
外為オンライン	899%
GMOクリック証券	485.30%
ゴールデンウェイ・ジャパン	437.70%
マネーパートナーズ	774.60%
アイネット証券	315.60%
トレイダーズ証券	399.40%

データ：2020年12月末時点
注）最新の自己資本規制比率については、各FX会社の公式サイトをご確認ください。

② 預かり残高の高さ

FX会社の人気は口座開設数で判断しがちですが、口座開設自体は無料ですし、口座維持費も基本は無料ですから、とりあえず開設した休眠状態の口座も含まれます。

口座開設数よりも「**預かり残高**」や「**年間取引量**」（公表していないFX会社もあります）に注目した方がいいでしょう。

これだと実際にどれだけ利用されているのかがわかります。**信頼性が高いからこそ人気がある**のは間違いありません。

③ ネットでの評判

TwitterなどのSNSでは、会社の良い評判も悪い評判もすぐに拡散します。

為替レートの不正操作や出金拒否を行っているFX会社は、ググればすぐに過去の履歴がわかってしまいますね。

ただ、ネットの評判自体はフェイクも多いので、全面的に信用してはいけません。あくまでも参考材料に留めておきましょう。

④ 運営期間の長さ

FX会社が創設されてどのくらいの期間が経過しているのかも判断の基準になります。長く続いているということは、信頼を勝ち取ってきている証でもあるからです。

❖POINT❖ 自己資本規制比率の高さやネットの評判も確認

FX会社を選ぶ際は、スプレッドやスワップポイントに加えて、自己資本規制比率の高さやネットでの評判を確認して選ぶようにしましょう！

また、FX会社によって取り扱っている通貨ペアの種類が異なる場合や、自動売買に対応している会社・対応していない会社もあるので、**自分の運用スタイルに合ったFX会社を選ぶ**ことも大切です。

■おすすめのFX会社はセントラル短資ＦＸ

鈴木先生のおすすめのFX会社はどこですか？

いくつかありますが、私個人でも利用している『セントラル短資ＦＸ』を本書では紹介しましょう。

セントラル短資ＦＸは金融市場で100年以上の伝統を有するセントラル短資グループの会社です。

また、FX専業業者で日本格付研究所の長期発行体格付を唯一取得している他、自己資本規制比率も970.9％（2020年12月時点）と高い水準となっており、**信頼できるFX会社**と言えます。

スプレッドも業界最狭水準で、**スワップポイントも高水準**なので、私も安心して取引で利用しています。

なお、**口座開設も無料**でできるほか、取引手数料や口座維持手数料などの各種手数料も無料です。

セントラル短資ＦＸの公式サイト

なお、本書では口座開設のやり方や取引のやり方など、セントラル短資ＦＸを例に挙げて説明をしていきますが、基本的にどのFX会社でも流れは同じです。

※注意：本書に記載しているセントラル短資ＦＸの情報は、2021年3月時点の情報を元に記載しております。最新の情報はセントラル短資ＦＸの公式サイトをご確認下さい。

金融庁に登録していない海外FX業者には注意！

FXで検索していると、サイトで400倍や500倍のレバレッジがかけられるFX会社を見つけたんですが、そんなことはありえるのでしょうか？　レバレッジは25倍に制限されているはずじゃ？

金融庁の規制で国内のFX会社は最大のレバレッジが25倍になっていますが、金融庁の認可を受けていない海外のFX業者では、いまだにハイレバレッジでの取引を行っています。リスクが高いので、初心者の方は特に注意が必要です。

■海外FX業者のほとんどが金融庁から警告を受けている

金融庁の認可を受けていない海外のFX業者は、**日本国内の投資家に対して宣伝したり、勧誘したりできないことになっています**。

メディア媒体での広告を出せないため、個人で作成したブログ、SNSでの宣伝がメインです。

ブログを通じて口座を開設すると紹介料（アフィリエイト報酬）や、その取引量に応じてブログの作成者に報酬が入る仕組みになっているので、どのブログも海外FX業者のメリットを必死で宣伝しています。

しかし、**金融庁はホームページ上で海外FX業者名を公表し、警戒するように告知していますし、海外FX業者に対しても警告を発しています**。

実際に、海外FX業者にて、口座凍結や出金拒否などのトラブルも発生しています。

レバレッジの高さに目がくらんで利用するトレーダーもいますが、様々な面でリスクが高いので注意が必要です。

■トラブルが起きてもまったく対応できない

海外FX業者を利用して取引すること自体は違法ではありません。利益分をしっかり確定申告して納税すれば問題ないからです。

ただし、金融庁が警告を発しているような海外FX業者を利用する以上、**責任はすべて自分にあると考えるべき**です。守ってくれるところは何もありません。

出金拒否などの**トラブルが起きても、自己責任となります**。

口座を凍結しますと一方的に言われてしまえば、証拠金はすべて没収されていまいます。無許可営業だと為替レートの操作や出金拒否、資金持ち逃げのリスクもあるでしょう。

国内のFX会社は金融庁の規制で「全額信託保全」が義務化されていますので、仮に国内のFX会社が破綻した場合、預けた資金は返金されます。

一方で、海外FX業者は、信託保全が義務付けられておらず、海外FX業者が破綻した場合、預けた資金が返還されない場合もあります。そうなった場合にも、会社所在地が海外であれば、抗議することは困難です。

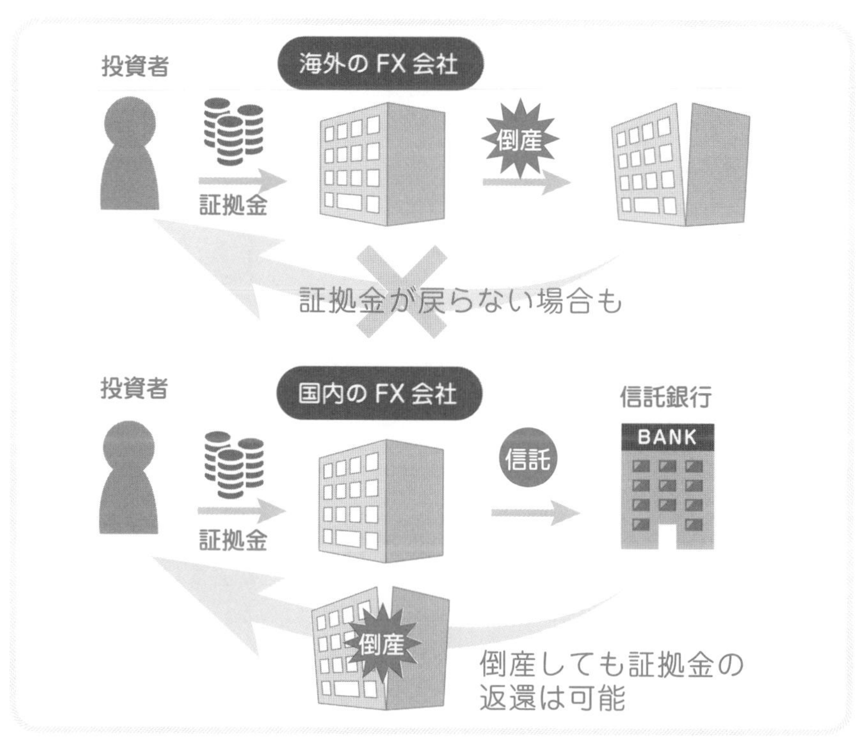

FX会社で口座開設をしよう

よし、それじゃあ、早速FX会社を決めて口座を開設してみます！　ところで、どうやってFXの口座は開設できるんですか？

インターネットを使って、スマホから簡単に口座は開設できますよ。口座を開設したいFX会社の公式サイトにアクセスしてみてください。

■インターネットで口座を開設する

FX会社で口座を開設する流れは、基本的に以下の通りです。

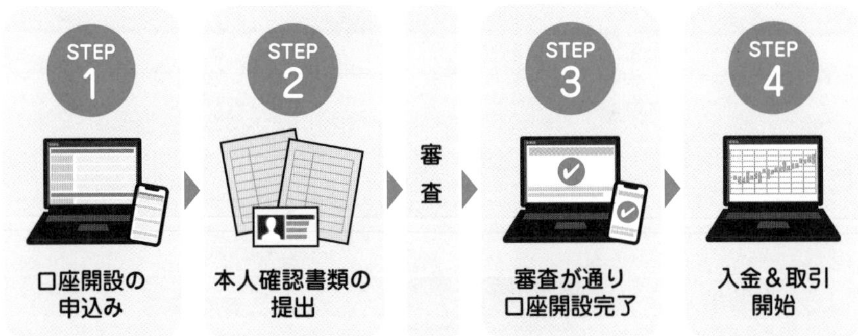

最初の口座開設の申込みでは「**個人情報の登録**」や「**各種規定等の承諾**」を行い、次に「**本人確認書類やマイナンバーの提出**」が必要になります。

どのFX会社もほぼ同じやり方で開設できますが、少し違うともありますので、各FX会社の公式サイトを確認してください。

今回は、セントラル短資ＦＸを取り上げて、口座開設のやり方を解説します。

■口座開設の申込みフォームに入力する

パソコンやスマホのWebブラウザで、セントラル短資ＦＸの公式サイトにアクセスします。「口座開設（無料)」をクリックすると、申込フォームのページに飛びますので、必要事項を入力していきます。

個人情報の登録には、氏名や住所、生年月日やメールアドレス、電話番号の他、職業や年収、投資可能資産やFX投資目的、投資経験なども入力していく必要があります。いずれも、正直に入力していきましょう。

セントラル短資FX　入力はこのページで完了します
必須項目を入力してください。

口座申込フォーム（ＦＸダイレクトプラス・セントラルミラートレーダー）

お名前・住所等		
お名前	必須	姓 例：為替　名 例：太郎
お名前（カタカナ）	必須	セイ 例：カワセ　メイ 例：タロウ
生年月日	必須	例：19900505
性別	必須	男性　女性
国籍	必須	日本　日本以外
郵便番号	必須	日本居住者　海外居住者 例：1030021　郵便番号がわからない方はこちら
住所	必須	例：3-3-27
電話番号	必須	例：0312345689
メールアドレス	必須	例：example@central-tanshifx.com 既に他のお客様が登録されているメールアドレスは登録できません。
投資に関するご質問		
ご職業	必須	選択してください

セントラル短資ＦＸの公式サイトの口座申込フォーム
※書籍の画像と内容が異なる可能性がありますので、公式サイトにてご確認下さい。

各種規定等の承諾については、目を通して「承諾する」というチェックボックスにチェックを入れていきましょう。

本人確認書類は、運転免許証やパスポート、写真付きのマイナンバーカードなどです。申込みフォームに撮影した写真を添付すれば提出できます。

ここまでの登録が完了すれば、後は審査を待つだけということになります。

審査に通過し口座開設が完了すると、**取引に必要な「ID」や「パスワード」が記載された書面が郵送されてきます**ので、そちらを大切に保管しておいてください。

■マイページにログインして入金

郵送されてきたIDとパスワードを使って、公式サイトからログインすると、「マイページ」に移行します。

ここに「**クリック入金**」のメニューがありますので、**自分の銀行口座からFX口座に入金**してください。

FX口座が開設されてから、マイページにログインし、銀行の口座からFX口座に資金を移動しましょう。これがFX投資の際の証拠金になります。

これでFXを取引する準備は整いました！　次は、FXの注文方法について学びましょう。

注文方法の種類　基本編

FX会社も決めて、口座の開設もできました。入金もできました。いよいよ取引をしていきたいと思うんですが、どうやって取引すればいいのでしょうか？

それでは注文方法について勉強していきましょう。FXではいろいろな注文ができますが、まずは基本編として、成行注文、指値注文、逆指値注文についてお伝えします。

■価格を指定しない成行注文

「**成行注文**（なりゆき）」とは、「**現在のレートで即座に買いたい・売りたい**」時に使う注文方法です（「**ストリーミング注文**」と呼ぶ会社もあります）。

例えば、取引をこれから始める際に「今がチャンスだからすぐに買いたい」といった場合や、すでに買いの建玉を保有していて、暴落しそうなので「今すぐ利益確定の売りをしたい」といった場合に利用します。

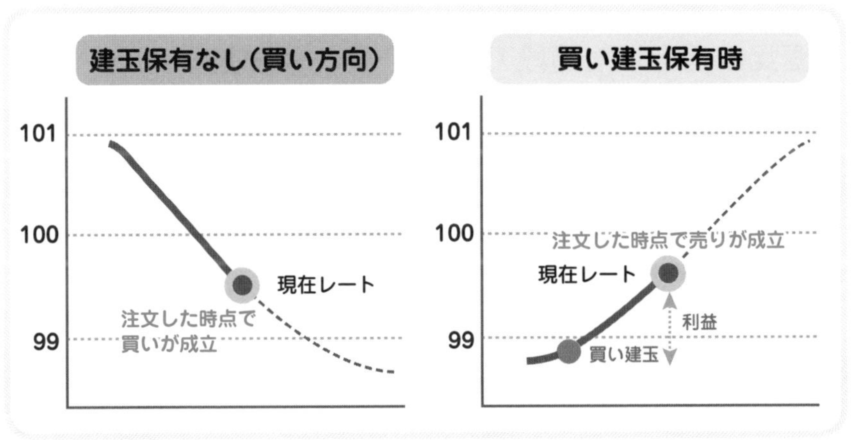

スリッページに注意

成行注文はすぐに売買が成立するのでチャンスをとらえやすい反面、**いくらの価格で売買が成立するか分からないという注意点**があります。

これは、注文を入れた時点とFX会社に注文が届いた時点のタイムラグから起こる現象で、「**スリッページ**」と呼ばれます。

スリッページが起こると、110円のときに入れた買いの成行注文でも、110円よりも悪い110.02円といった価格で注文が成立するケースもあり、即座に売買が成立する**成行注文のデメリット**となります。

スリッページの発生は、FX会社のもつシステムの処理速度に関係しているので、この点もFX会社選定の尺度となります。

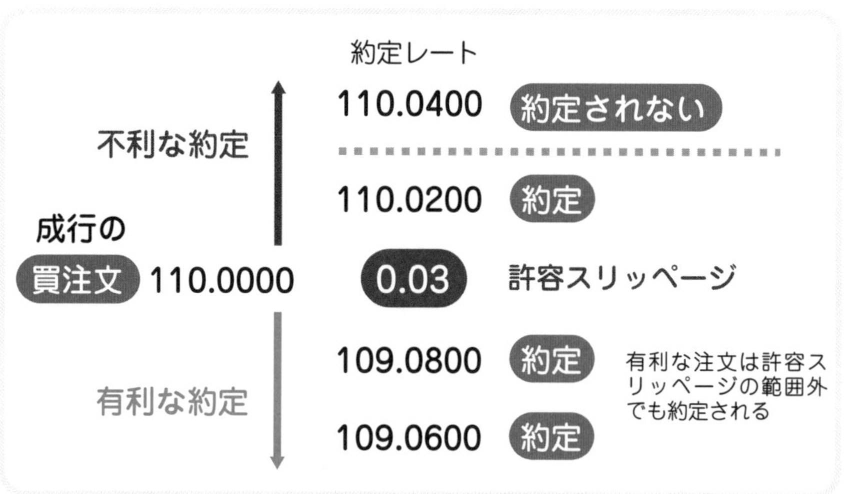

■確実に指定した値段で売買する　指値注文

「**指値注文**」は、事前に買いたい価格や売りたい価格を指定し、そこに実際の為替レートが到達したら**指定した価格で売買が成立する**という注文です。

指値注文は、「**現状よりも安くなったら買う、高くなったら売る**」という**現在価格よりも有利な価格で売買したい**時に使います。

指定した価格で売買が成立するメリットがある一方で、為替レートが到達しないと取引が成立しないためチャンスを逃してしまうデメリットもあります。

例えば、米ドルが1ドル100円だったとして、99円まで下がったら買いたいという場合に指値注文を使います。その後、為替レートが実際に99円まで下落したら指値注文で売買が成立します。

買いの場合、現在価格よりも安い方が有利なので、100円よりも低い価格で指値注文を設定できますが、100円よりも高い価格では設置できません。

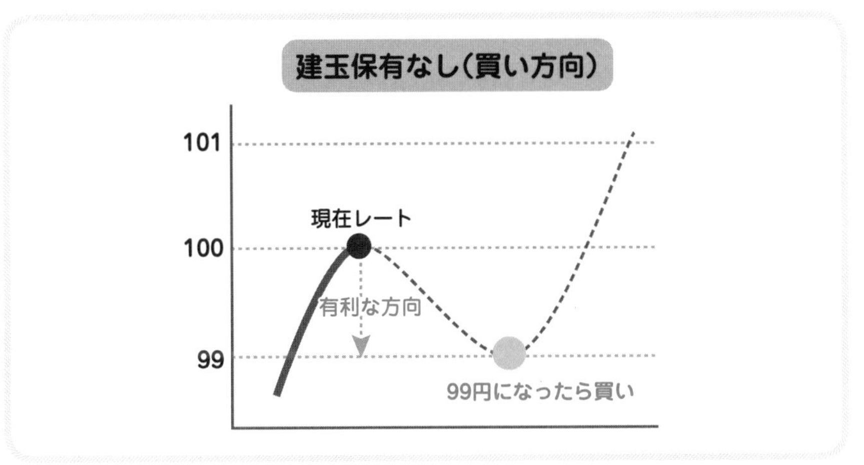

また、99円で買い建玉を保有していて**売りをする場合、今の価格よりも高い方が有利**なので、100円で売りの指値注文を設置することができます。

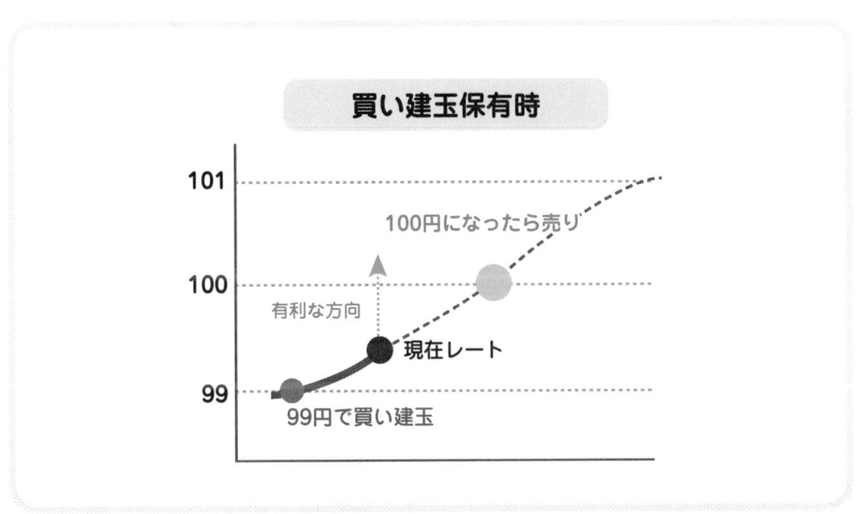

ここで、**指値注文**は基本的に自分が指定した価格で売買が成立するので**スリッページは発生しません**。

なお、現在米ドルが100円で、99円の買指値注文を入れて約定した場合、さらに98円、97円と円高に進む可能性もあります。

このような相場が予想される場合には、99円での売りの注文を入れることができる**逆指値注文**という方法があります。

■上がったら買い？、下がったら売り？　逆指値注文

逆指値注文（ぎゃくさしね）は、指値注文とは逆で、「**現状よりも高くなったら買う、安くなったら売る**」というなんだか不条理に見える注文方法です。

現在価格よりも不利な価格になったら売買したい時に使います。

逆指値注文は**買いであれば指定した価格以上になったとき、売りであれば指定した価格以下になったとき**に売買が行われますので、**相場の状況によってはスリッページが発生**することがあります。

現在価格よりも有利な価格で売買をする指値注文は理解できます。だけど、価格が下がったら買いたいのに、売るのはなぜなんでしょうか？

逆指値注文は、もうこれ以上損失を大きくさせないための損切りをする時に主に使うのです。また、ある価格に抵抗線があり、これを超えたら買う、といったときにも逆指値注文は有効です。

損切りに使用する場合

例えば、100円で買った建玉があって、今後為替レートが上がると予想したのに、反対の99円の方向に動いてしまい含み損を抱えたケースを考えてみましょう。

この時、このまま為替レートが下落し続ければ、含み損がどんどん増えてしまいます。

そこで、**損失を限定させるために、今の価格よりも安い99円に達したら**

損切りの売りをしたい、という場合に逆指値注文を使います。

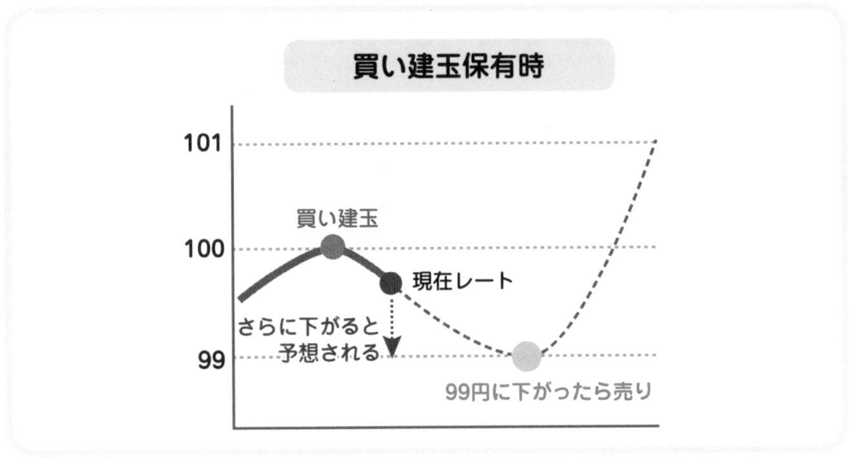

順張りに使用する場合

現在99.5円で、100円に抵抗線がある場合、この価格を超えるとさらに上がると予想されます。この場合は、100円に上がったら新規買いの逆指値注文を入れます。

このように逆指値注文は、抵抗線を超えたら買いや売りの順張り予想をする場合に使用すると有効です。

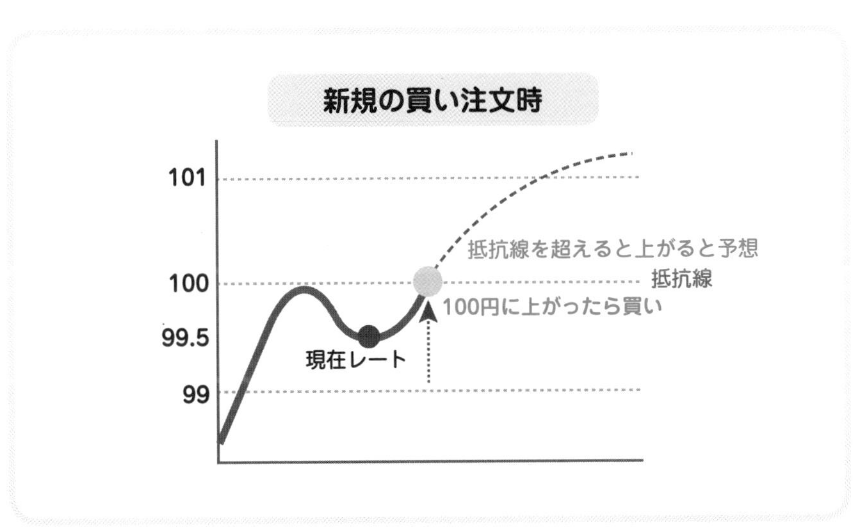

2-05 注文方法の種類　応用編

鈴木先生、指値注文と逆指値注文は、設定しておけば自動で売買してくれるなんてとても便利ですね！

そうですね！チャートをずっと見られない寝る時や外出する時に設定しておくとよいですね。でも、実はもっと便利な機能があるんです。

え？　これ以外にもまだ注文方法があるんですか。ぜひ知りたいです！

■新規注文の約定後に決済注文が入るIFD（イフダン）注文

IFD（イフダン）注文は、**新規注文が成立したら、それと同時に決済注文も有効になる**注文方法です。

一度IFD注文を置けば、あとは新規エントリーから決済まで自動で取引が完結しますので、忙しい方でも役に立つ注文方法です。

IFD注文の使い方としては、次のような例があります。

例1）新規注文の買い ➡ 利益確定の売り

現在、米ドル円が1ドル99円50銭。

99円になったら買いの指値注文、注文が成立後、100円まで上昇したら**売りの注文（指値）で利益を確定**するような使い方があります。

売りと決済が自動的にできます。

例2）新規注文の買い ➡ 損失限定の売り

決済注文は損切りの逆指値注文にすることもできます。

現在、米ドル円が1ドル99円50銭。

99円に下がったら買いの注文（指値）、注文が成立後、さらに98円まで下がってしまったら**損切りの売りの注文（逆指値）**という使い方もあります。

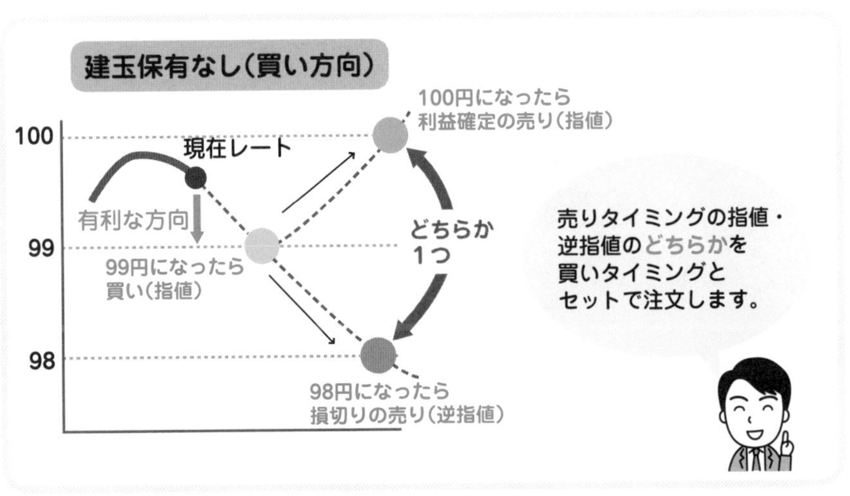

ちなみに、決済注文は利益確定の指値注文か、損切りの逆指値注文かのどちらか1つしか置けません。

両方をセットで置きたい場合は、のちに解説するIFO（アイエフオー）注文を使います。

■2つの決済注文を同時に出せるOCO（オーシーオー）注文

建玉を保有しているときに、**利益確定と損切りの2つの決済注文を出しておける**のが、「**OCO注文**」です。どちらかの決済注文が成立した際には、もう一方の注文は自動的に取り消されます。

OCO注文の使い方としては、次のような例があります。

例）利益確定と損失限定を同時に設定

現在、1ドル100円で買い建玉を保有。

現在は100円50銭まで上昇しています。ここで、チャートをずっと見ることもできないので、

「101円になったら利益確定の売り（指値）、99円になったら損切りの売り（逆指値）」

というような使い方ができます。

どちらかの決済注文が成立すると、もう片方は自動的にキャンセルとなります。

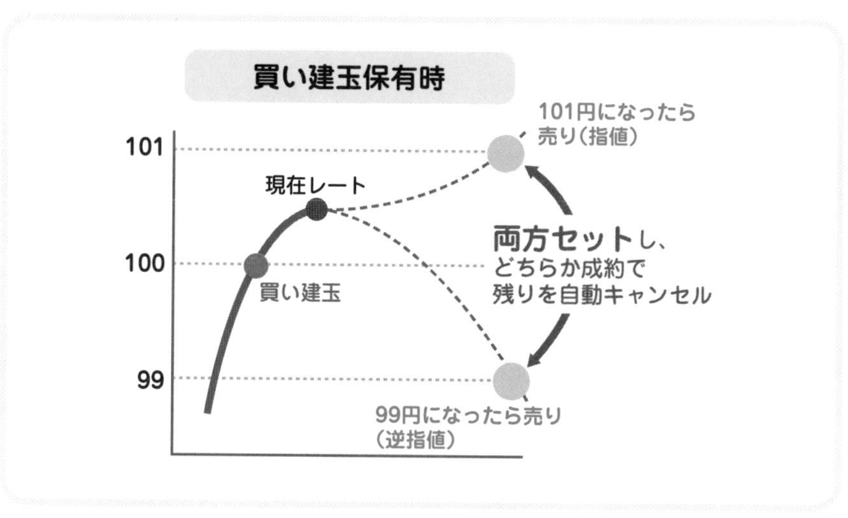

■IFO（アイエフオー）注文

IFO（アイエフオー）注文は、**IFD注文とOCO注文を組み合わせた注文方法**で、IFDOCO（イフダンオーシーオー）とも呼ばれています。

IFO注文の仕組みは、

「新規注文が成立したら、それと同時に利益確定の指値注文と損切りの逆指値注文のOCO注文が有効になる」

というものです。

具体例を取り上げてみていきましょう。

例）新規注文⇒利益確定・損失限定のIFO注文

現在1ドル100円50銭です。

100円になったら**買いの新規注文**を入れます。

その注文が成立後、101円まで**上昇したら利益確定の売り注文**。

逆に下落が続き99円に達するようだと**損切りの逆指値の売り注文**、という使い方です。

新規注文が成立しない限り、決済注文も発動はしません。また、一方の決済注文が成立した場合、もう一方の決済注文は取り消しとなります。

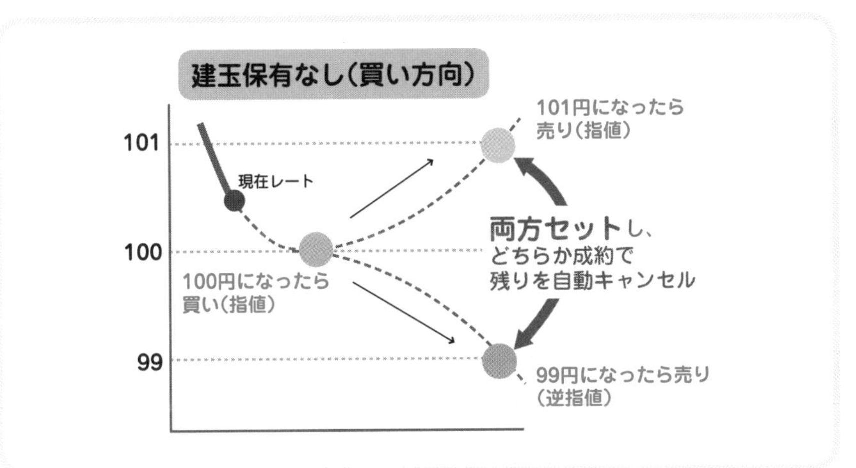

このようにFXにはいろいろな注文方法があるので、一度すべての注文方法を小ロットかデモ版で試してみるのがいいでしょう。

その中で自分のトレードスタイルに一番適したものを選んでください。

パソコンの前にいる時間、時間帯、仕事時間と睡眠時間、長期か短期かなど、それぞれの生活スタイル、投資スタイルで適した注文方法を使いこなせるようにしてください。

POINT

基本的な注文方法は**「成行」「指値」「逆指値」**です。そこから発展した注文方法に**「IFD」「OCO」「IFO」**があります。

初心者の方は、成行と指値、逆指値から慣れていきましょう。

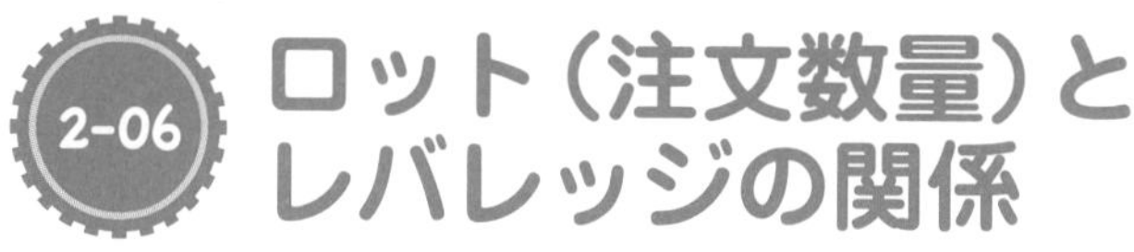

ロット（注文数量）とレバレッジの関係

FXでは、どうやって取引する金額の量を決めるのですか？

FXでは、通貨をひとまとまりにしたロット（Lot）という単位で売買の量を決めるようになっています。

■ロットは何の単位なのか？

FXでは「**ロット**」を通貨の「**取引単位**」として使います。

一般的に「**1ロット＝1千通貨**」ですが、これはFX会社によって異なり、「1ロット＝1万通貨」の会社もあります。

そして、FXでは1ロット＝1千通貨、2ロット＝2千通貨……と取引する金額を決めていくのです。

ちなみに、1千通貨の「**通貨**」とは**通貨ペアの先頭の通貨**を指します。

例えば、「**米ドル**円」で1ロット（＝1千通貨）を売買する場合、**通貨**は「**米ドル**」なので、**1千米ドル**を買ったり売ったりすることになります。

為替レートが1米ドル＝100円だとすると、ロットごとに**円換算した取引金額**は次のようになります。

- **1ロット（1千通貨）だと、1千米ドル×100円＝10万円**
- **5ロット（5千通貨）だと、5千米ドル×100円＝50万円**
- **10ロット（1万通貨）だと、1万米ドル×100円＝100万円**

■レバレッジはロットでコントロールする

先生、レバレッジは最大25倍と聞きましたが、25倍では怖いので、2倍、3倍と低いレバレッジでやってみたいのですが……。やり方を教えて下さい！

レバレッジは自分でレバレッジ倍率を設定したり、変更したりできるわけではありませんよ。先ほど説明した、ロット数を決めることでレバレッジをコントロールするのです。

レバレッジの倍率は、以下の計算式から求まります。

レバレッジ倍率 ＝ 円換算の取引金額 ÷ 証拠金

例えば、10万円の証拠金をFX会社に預けていた時、米ドル円が1米ドル＝100円だとすると、ロットを変化することでレバレッジが次のように変わります。

・**2ロット（2千通貨）の取引**
円換算の取引金額＝2千米ドル×100円＝20万円
レバレッジ＝円換算の取引金額（20万円）÷証拠金（10万円）＝**2倍**

・**5ロット（5千通貨）の取引**
円換算の取引金額＝5千米ドル×100円＝50万円
レバレッジ＝円換算の取引金額（50万円）÷証拠金（10万円）＝**5倍**

・**10ロット（1万通貨）の取引**
円換算の取引金額＝1万米ドル×100円＝100万円
レバレッジ＝円換算の取引金額（100万円）÷証拠金（10万円）＝**10倍**

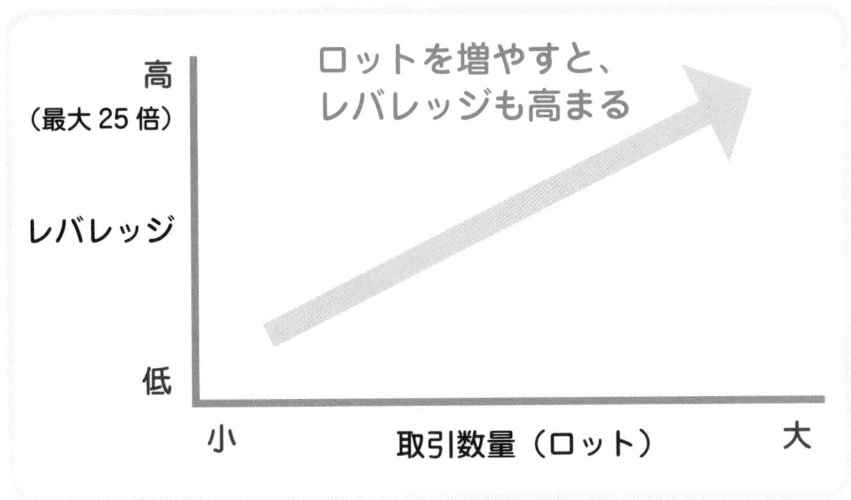

ロット数を増やせば、円換算の取引金額は大きくなりますね。預けている証拠金は一定なので、レバレッジは大きくなります。

ロット数を減らせば、円換算の取引金額が小さくなるのでレバレッジも小さくなるのです。

また、10万円の証拠金で10万円分の取引をしたら、レバレッジは1倍（10万円÷10万円）で外貨預金と同じリスク量の取引ができます。

加えて、証拠金が20万円で10万円分の取引をするとレバレッジは0.5倍（10万円÷20万円）なので、**レバレッジ1倍未満の取引もできる**のです。

POINT FXでの取引単位（ロット）

FXの取引は1ロット、2ロットとロット毎に取引を行います。また、**1ロットの単位**は、FX会社によって異なり、1千通貨または1万通貨です。

自分が利用するFX会社の取引単位を確認しましょう。

また、レバレッジはロットを大きくすることで高めることができますが、レバレッジが高いと当然リスクも大きくなるので注意が必要です。

■ロットとレバレッジを大きくした際のメリットとデメリット

為替レートが変化し1ロットの取引では1万円の利益だったとすると、10ロットで取引していれば10万円の利益が出ます。

同じ為替レートの変化の場合、ロットを増やしてレバレッジを大きくして取引すると「**ハイリターンが期待できる**」ということです。これがレバレッジ取引のメリットですが、当然デメリットもあります。

当たり前のことですが、デメリットは、「**ハイリスクにもなる**」という点です。

1ロットであれば1万円の損失で済んだところを、10ロット保有していたために10万円の損失になります。

損失額が多くなると、55ページで説明した強制ロスカットという大きな損失を抱えたまま取引から退場させられてしまうリスクがあります。

たくさんの利益は欲しいけど、損失は出したくない。このレバレッジ管理のさじ加減が、FXで勝つためにはとても大切になってくるのです。**しっかりと自分の資金や目標、損失の許容範囲を確認しながらロットやレバレッジを扱ってください**。

実際に注文をしてみよう！

FX会社を決め、口座を開設し、入金も済みました。注文方法やロットについても理解しました。実際に取引はどうやればいいのでしょうか？

FXを始められる環境は整ったので、ここからは実際に取引のやり方を学んでいきましょう。最初は取引ツールの使い方に慣れることを意識しよう。

取引ツールの使い方はFX会社が提供しているシステムによって異なりますが、基本的な部分は同じ構造です。今回は、セントラル短資ＦＸの取引ツールで解説していきます。

■成行注文

最初に成行注文で取引する場合の方法を見ていきましょう。

【取引条件】
- 通貨ペア：米ドル円（現在のレートが108円56銭）
- 注文方法：成行注文
- 取引数量：10ロット（10,000通貨）
- 売買方向：買い
- スリッページ：5pips ※

※セントラル短資ＦＸではスリッページの限度幅を設定できます。例えば、5pipsと入力すると、スリッページが5pipsを超えた場合は注文が失効します（投資家が不利になる場合に限ります）。

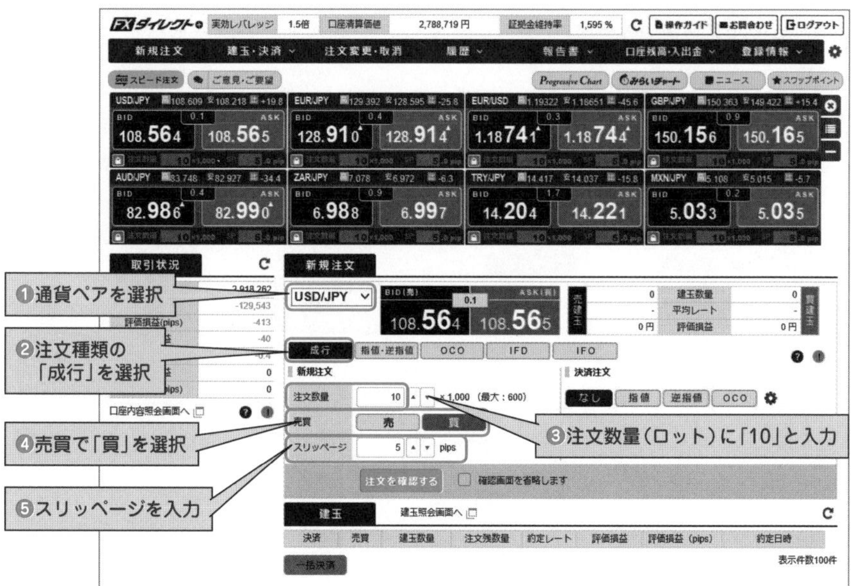

全ての注文に共通ですが、条件の設定が済んだら、最後に「注文を確認する」をクリックしましょう。

■指値注文

次に、指値注文で取引する方法を見ていきましょう。

【取引条件】
・通貨ペア：米ドル円（現在のレートが108円55銭）
・注文方法：指値注文
・取引数量：10ロット（10,000通貨）
・売買方向：売り
・注文レート：109.00円（新規エントリーの指値）

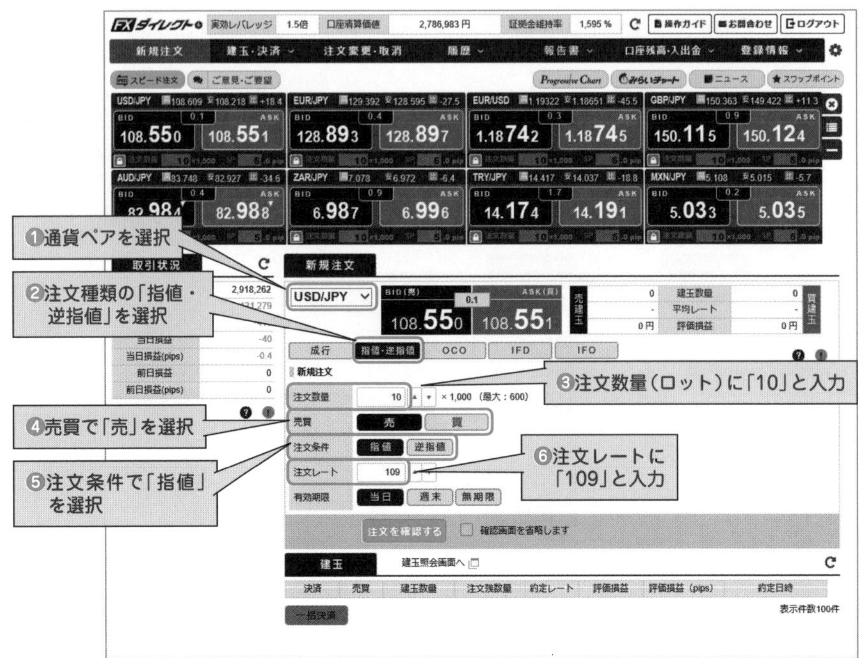

指値注文は**現在価格よりも有利な価格で売買**したい時に使うので、売りから取引を始める場合は**現在価格よりも高い注文レート**を入力します。

また、逆指値注文をする場合は、注文条件で「逆指値」を選択します。逆指値注文は**現在価格よりも不利な価格になった時**に使うので、売りの場合は**現在価格よりも低い注文レート**（注文価格）を入力します。

■逆指値注文

今度は、既に建玉を保有していて、損切りの逆指値注文を置く場合を見ていきましょう。

【取引条件】

・通貨ペア：米ドル円（現在のレートが109円20銭）
・建玉：109円19銭で1ロット（1,000通）の買い建玉を保有中
・注文方法：逆指値注文
・取引数量：1ロット（1,000通貨）
・決済レート：108円50銭で売り（損切りの逆指値）

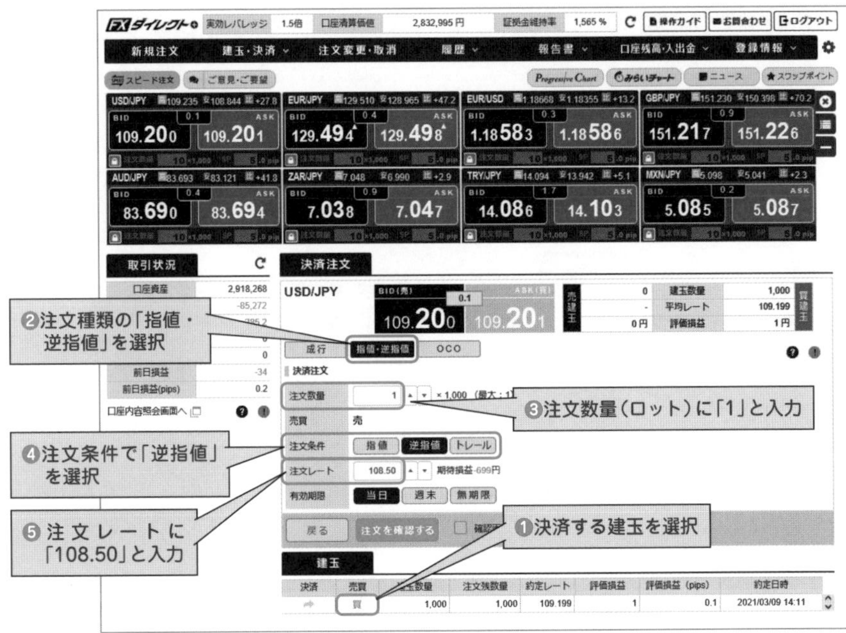

■IFD注文

今度は応用編の注文方法を見ていきましょう。まずは、IFD注文です。

【取引条件】

・通貨ペア：米ドル円（現在のレートが108円56銭）

・取引数量：10ロット（10,000通貨）

・新規注文：108円で買い（新規エントリーの指値）

・決済注文：109円で売り（利益確定の指値）

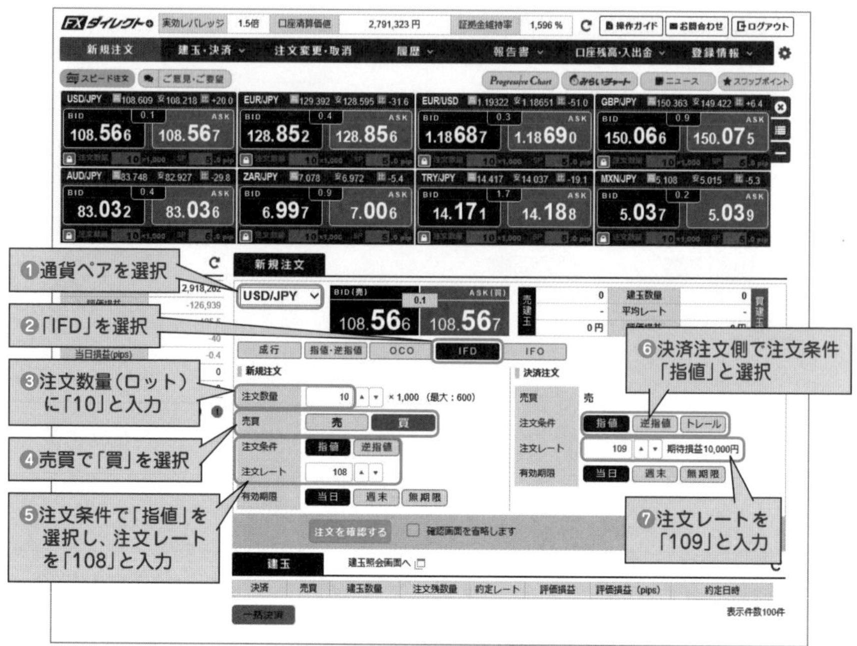

IFD注文の決済注文にて、損切りの注文を設定したい場合は、注文条件を「逆指値」と選択し、買いの場合は現在価格よりも低いレート、売りの場合は現在価格よりも高いレートを入力すれば設定できます。

■OCO注文

すでに買いの建玉を保有していて、OCO注文で利益確定（指値）と損切り（逆指値）の2つの注文を置く方法を学びましょう。

【取引条件】

- 通貨ペア：米ドル円（現在のレートが108円51銭）
- 建玉：108.506円で1ロット（1,000通）の買い建玉を保有中
- 決済注文1：109円で売り（利益確定の指値）
- 決済注文2：108円で売り（損切りの逆指値）

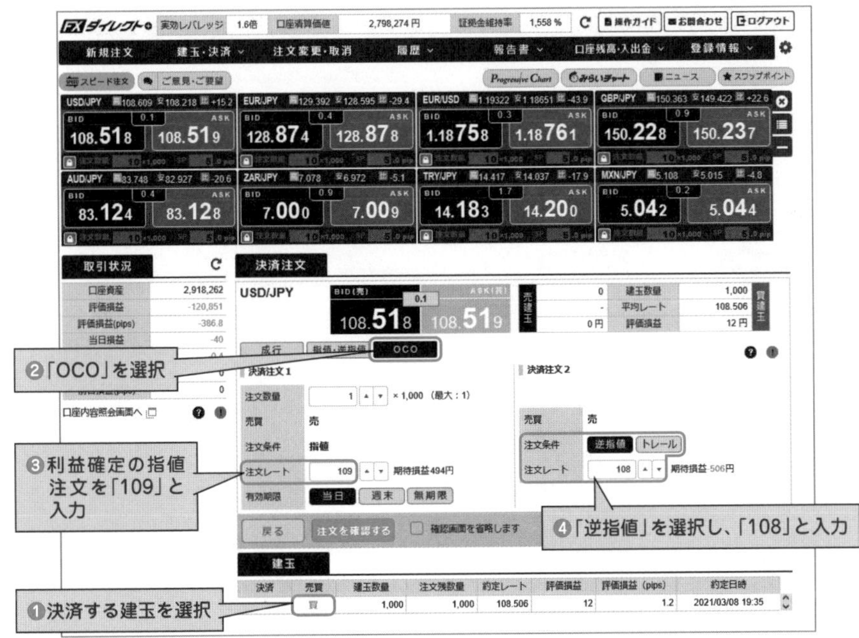

■ IFO注文

最後にIFO注文のやり方を見ていきましょう。

【取引条件】

・通貨ペア：米ドル円（現在のレートが108円50銭）

・取引数量：1ロット（1,000通貨）

・新規注文：108円で買い（新規エントリーの指値）

・決済注文1：109円で売り（利益確定の指値）

・決済注文2：107円50銭で売り（損切りの逆指値）

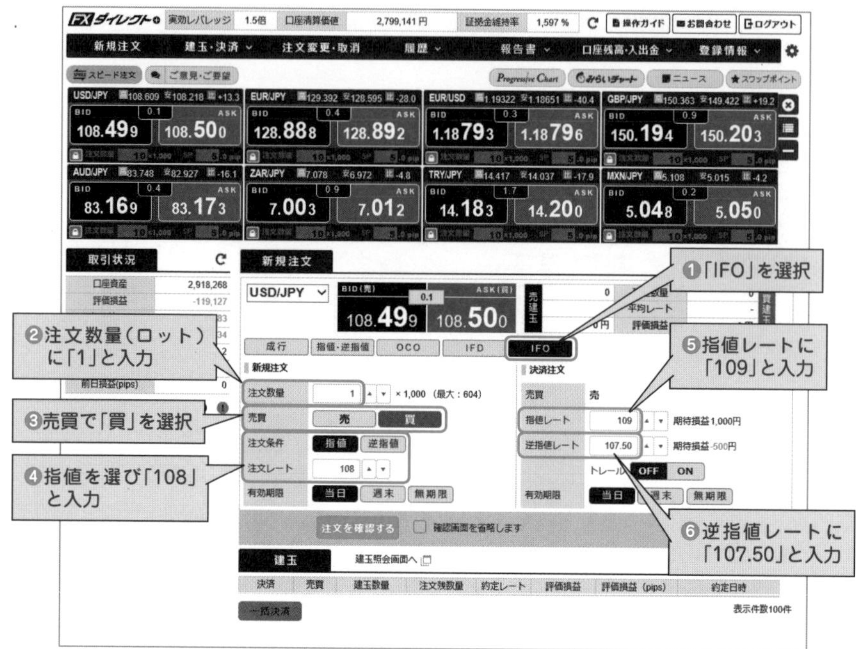

❖POINT❖　取引の流れはどのFX会社も同じです

今回はセントラル短資ＦＸの取引ツールで解説しましたが、基本的な流れはどこのFX会社も同じです。

最初は難しく感じるかもしれませんが、取引を繰り返すうちに慣れていきますよ！

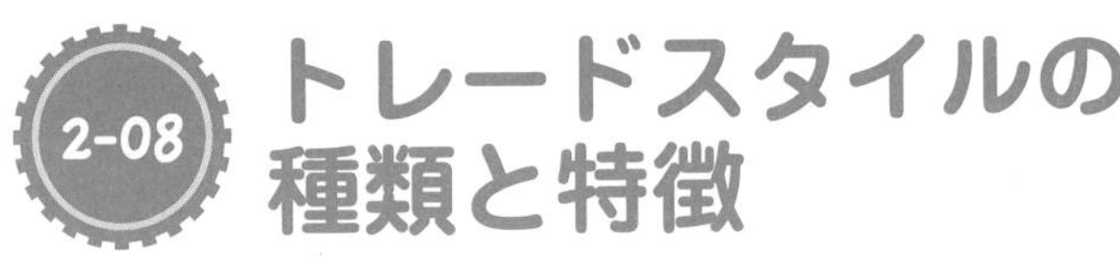

FXでは1回の取引でどれくらいの時間をかければいいのでしょうか？

それはトレードスタイル毎によって異なります。数秒から数分で取引を完結させるスキャルピングや、数日から数週間で取引をするスイングトレードなど、いくつかの種類があるんです。

トレードスタイル	トレード時間の目安	必要資金
スキャルピング	数秒～数分	少
デイトレード	数時間～1日	少～中
スイングトレード	数日～数週間	中～大
長期トレード	長期トレード	大

■超短期売買：スキャルピング

建玉を保有している時間を極力短くし、超短期で売買を繰り返していくトレードスタイルを「**スキャルピング**」と呼びます。1回にかけるトレードの時間は数秒から数分で、1日に100回以上取引する人もいます。

すき間時間を使って手軽に稼げるイメージがあり、会社員や主婦の方にも人気のトレードスタイルですが、**実は最も難易度が高いトレードスタイルと言えます**。超短期売買は為替レートの動向が読みにくいことに加え、最近だとAIなどのアルゴリズムトレードが主流となっている領域です。なので、人間の投資家は不利であり、初心者にはおすすめしません。

■1日で取引完結：デイトレード

同じ短期売買でも、スキャルピングよりも保有している時間を長くして1回の取引で大きく稼ぐ方法もあります。それが「**デイトレード**」です。こちらは名前の通り、**1日で取引を完結**します。新規注文から決済注文まですべて1日の中で行うということです。

日本時間の深夜がニューヨークタイムと重なり、変動が大きな時間帯になります。ここを気にしていると寝る時間が確保できません。しかし、朝になって目を覚ますと、大きなトレンドが発生していてロスカットされていたという事態も避けたいところです。そのため、**日をまたがずに取引を完結させることでリスクを軽減させる**のです。余計なストレスを感じずに済むので負担も軽減できます。

デイトレードは、短い時間での取引になりますから、ファンダメンタルズ分析以上にテクニカル分析が重要になってきますが、1日何回か分析すればいいので、**FX初心者にも取り組みやすいトレードスタイル**です。

■中期売買：スイングトレード

日をまたいで数日から数週間で取引をするトレードスタイルもあります。これが**スイングトレード**です。スイングトレードでは､1回で1円（100pips）以上の利益も狙うことができます。

数日から数週間の期間で取引する場合、テクニカル分析も大事ですが、それと同時に**ファンダメンタルズ分析**も大切になってきます。

■長期売買：長期トレード

最低でも数か月以上の期間で取引するのが**長期トレード**です。長期トレードの場合、為替レートの変動益に加えて、**毎日のスワップポイントも狙うことになります**。

重要な要素は、「**中・長期のトレンドに乗ること**」、「**建玉を保有している**

際のスワップポイントがプラススワップであること」の二点になります。マイナススワップだと長期で保有している間に金利差調整分を払い続けて含み損が積み上がっていきますので、それだけで不利な投資になります。

長期視点が必要なので、**テクニカル分析以上にファンダメンタルズ分析が重視**されてきます。金融政策や財政政策などのニュースには敏感になる必要がありますが、チャートについては頻繁に確認しなくても済むので、1日何回かしかチャートを見る時間が確保できない忙しいトレーダーにとってはピッタリです。

POINT　生活リズムに合ったトレードスタイルで

トレードスタイルは、トレード時間が短い順に**「スキャルピング」「デイトレード」「スイングトレード」「長期トレード」**の４種類があります。

ご自身の生活リズムに合ったトレードスタイルを選択していきましょう。

Column FXで稼ぐ上で必要なマインドセット4つ

マインドセットとは、思考や信念、覚悟、心構え、価値観などの総称のことを意味します。私が常に意識するよう心掛けているマインドセットは、以下の４つがあります。

1. **全ての結果に責任を持つ**
2. **固定観念を捨てる**
3. **ネガティブ思考は絶対に持たない**
4. **圧倒的な努力を継続する**

そして、これらはFXに限らず、ビジネスやスポーツなど、あらゆる分野で結果を出すために必要なものと言えます。
1は、何かに失敗した時、その原因は全て自分であると考える思考です。「会社が悪い」「上司が悪い」「環境が悪い」などと、失敗の原因を他のせいにすることは簡単です。しかし、そこから自分自身の成長は１ミリも生まれません。責任を他に転嫁する人は、なかなか結果がでません。
2は、自分の知らない考えや意見を聞いた時、まずは素直に受け入れる心構えを持つことです。知らない情報に触れた時、最初から全否定してはいけません。そもそも自分の経験値が少ないので、狭い視野の範囲内でしか判断できません。「やってみないと分からない」という姿勢を持つことが大事です。
3は、全ての経験・失敗は、自分の成長の糧となり、将来の成功につながるとポジティブに考えることです。FXで負けた時に、その失敗に感謝できるかどうかで、その先の成長性は180度変わります。この損失は将来の成功につながると信じて、前向きにとらえることが大事です。
4の説明は不要でしょう。結果を出している人で、努力していない人はいないですからね。
他人と比べて、『圧倒的』な努力をすることが、あらゆる分野で結果を出すための大前提です。

3日目

経済指標で予測しよう! ファンダメンタル分析

3日目は、将来の為替レートを予想する方法の1つである「ファンダメンタルズ分析」について学習していきます。
ファンダメンタルズ分析が理解できると、日々の経済や金融ニュースにより興味がわいて、FXを楽しめるようになりますよ！

ファンダメンタルズ分析って何？

鈴木先生、FXの仕組みや取引方法についてはとても理解が深まってきました。1つ質問があります。為替レートが上昇するのか、下落するのか、当たる確率は50％ですよね。
それでどうやって儲かるのでしょうか？

運だけで取引したら、確かにそういった確率になりますね。ですから理にかなった予測の仕方が大切になってきます。それがファンダメンタルズ分析とテクニカル分析です。

なんだか言葉を聞いただけでも難しそう。ぜひファンダメンタルズ分析からわかりやすく教えてください！

■「ファンダメンタルズ」とはどういう意味？

ファンダメンタルズとは、簡単に言うと国や企業の「**経済の基礎的条件**」のことです。これでもわかりませんね。かみ砕いて解説していきましょう。

ファンダメンタルズとは何かひとつを示すものではなく、**経済状態を示すデータはすべてファンダメンタルズと呼んでいます**。

例えば企業の場合は、「売上」であったり「利益」であったり、「資産」や「負債」などが該当します。

一方で**外国為替**では、通貨を発行する**各国の経済状態**の影響を受けますので、もっと大きな括りで見ることになります。

そこで登場してくるのが、国の「経済成長率」（GDP）や「雇用情勢」、

「物価指数」などの経済指標（116ページ）や、金融政策で決定する「政策金利」（110ページ）です。

そして、これらの**経済や金利の動向を分析**して、為替の値動きを予想する手法がファンダメンタルズ分析です。

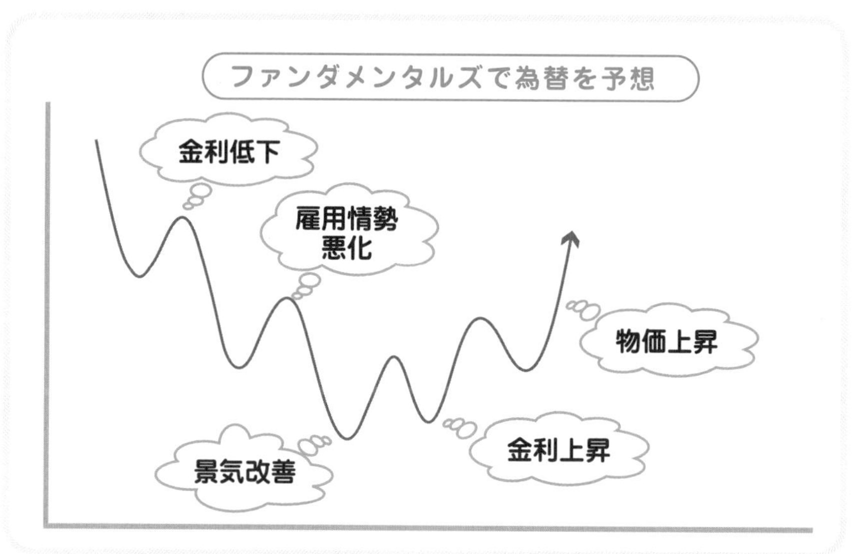

ファンダメンタルズの情報は待っていても入手できません。積極的に自分から情報を手に入れる姿勢が重要です。

GDPや物価指数など国の経済指標や、**各国の政策金利**については発表される**日時が事前に決まっています**。

各FX会社のアプリや証券会社のWebサイト、FXのブログなどでタイムリーに情報を入手することができます。

●Yahoo!ファイナンスの経済指標

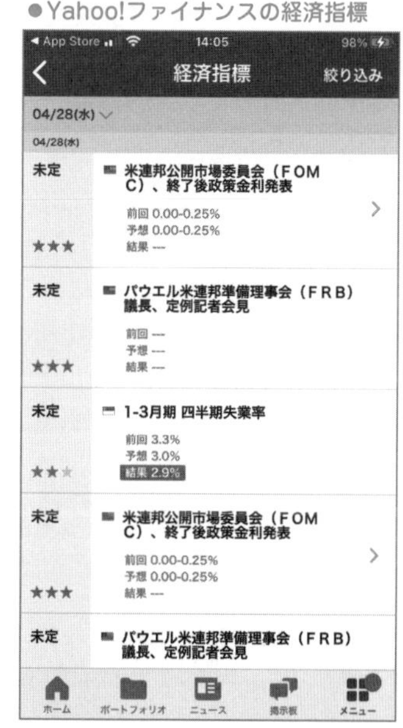

■ファンダメンタルズ分析は中長期の投資に向いている

ファンダメンタルズ分析は、**超短期で売買を繰り返すスキャルピングやデイトレードには向いていません**。

景気や金利の要因で大きなトレンド発生を予想することはできますが、その中の**小さな値動きはファンダメンタルズで予想するのは困難**であるためです。

デイトレやスキャルピングなど短期での売買にはファンダメンタルズ分析よりも、4日目で解説するテクニカル分析が有効です。

ファンダメンタルズ分析では、中・長期的に上昇していくのか、下落していくのかを見極める上で適しています。

ファンダメンタルズは複数の指標で分析する

国のファンダメンタルズと為替は複雑に絡み合っていますので、ひとつのファンダメンタルズの善し悪しだけで上昇トレンドや下落トレンドが発生するわけではありません。

複数のファンダメンタルズを比較していくことで、より研ぎ澄まされた分析や予測ができるようになります。

また、**他国との比較**が重要になってきますので、扱っている通貨の国のファンダメンタルズだけでなく、アメリカやEUといった重要な経済圏のファンダメンタルズ分析も欠かすことはできません。

POINT ファンダメンタルズ分析は経済の流れを読む！

ファンダメンタルズ分析は、**経済や金利の動向を分析**して、将来の為替レートの値動きを予想する手法です。

短期的な為替の値動きではなく、**中長期の値動きを予想**することに適しています。

外国為替の変動要因とは？

なるほど。経済状態を確認しながら為替レートの上昇や下落を予想していくのが、ファンダメンタルズ分析なんですね。でも、どうしてその国の経済状態によって為替レートが変動するんですか？

それは通貨の価格と商品の価格を同じように考えてみるとわかりやすいですよ！

良い商品や人気のある商品は高く売れるっていうことなのかな？

■通貨の価格は需要と供給の関係で決まる

通貨の値段はなぜ変動するのでしょうか？

結論から言うと、一般的なスーパーなどで売っている商品と同じように、安く買いたい人と高く売りたい人の「**需要と供給の関係**」があるからです。

誰も欲しがらない商品に高い値段をつけても、需要が少ないので売れません。逆にみんなが欲しがると需要が多く供給が間に合わなくなるので価格は上がります。

例えば「野菜」の価格は、たくさん収穫できて野菜の出回る量が増えると、需要よりも供給の方が多いので安い値段で販売されます。逆に災害の影響もあって不作だと出回る野菜の量が少なくなり、供給よりも需要が上回るので値段は高くなります。

これは外国為替にも当てはまる話です。例えば、ある国の通貨を**買いたい人が売りたい人よりも増えれば通貨価格は上昇**し、通貨を**売りたい人が買いたい人よりも増えれば通貨価格は下落**します。

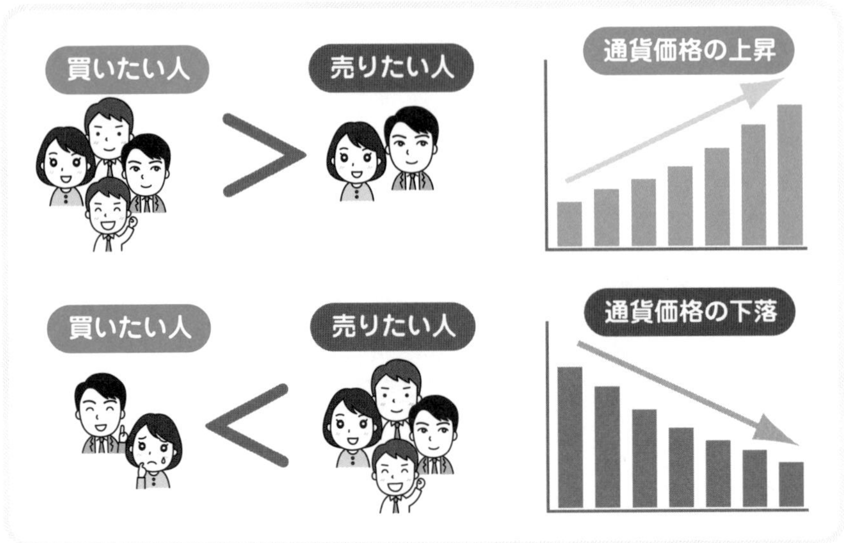

では、どのような状態になると買いたい人が増えるのでしょうか？
逆にどんな状態になると売りたい人が増えるのでしょうか？
通貨の需要と供給に影響を与える要素について解説していきましょう。

■外国為替を左右する要素は何？

需要と供給で通貨の価格が変動することは分かりました。でも、どんな理由で需要と供給のバランスが変わるのでしょうか？

それを考えるのがファンダメンタルズ分析です。ここからはFXで注目するべきファンダメンタルズの要因について解説していきます。

ニュースを通じて経済指標の結果発表や経済政策などいろいろなファンダメンタルズが情報として提供されます。

そのなかでも外国為替に強い影響を持つファンダメンタルズの情報、あまり影響しない情報があります。

以下の４個が主に外国為替の需要と供給に影響を与える要素です。

❶ **景気・経済**
❷ **金利**
❸ **資源の価格**
❹ **政治情勢・地政学的リスク**

① 景気・経済

A国の景気や経済が良くなると、A国に投資したいという人が増えますので、**通貨の価格は上昇**します。なぜなら、景気が良い国の株や不動産を持つことで値上がり益が期待できるからです。

反対に、A国の景気や経済が悪くなると、A国に投資したいという人が減りますので、**通貨の価格は下落**します。

つまり「景気が良くなると、その国の通貨の価格は上昇」、「景気が悪くなると、その国の通貨の価格は下落」ということです。

景気が良い国

投資したい人が増えて
資金が流入する

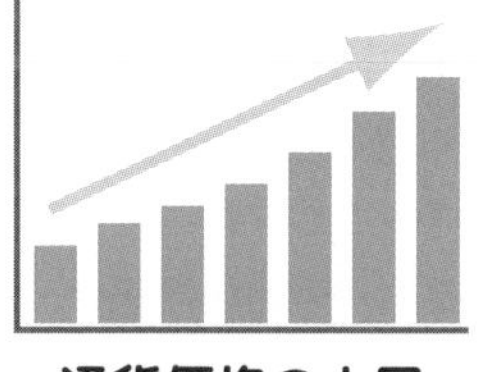

通貨価格の上昇

景気が悪い国

投資したい人が減り
資金が流出する

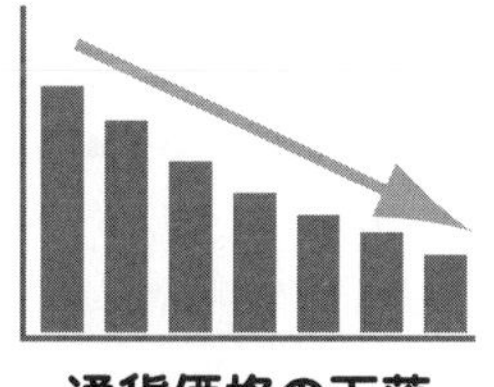

通貨価格の下落

② 金利

A国の**金利が上がる**と、A国の通貨で運用した方が利回りは良く、その通貨を買う人が増えて**通貨の価格は上昇**します。

一方で、A国の金利が下がると、それまであった高利回りの魅力が減ってしまうので、通貨の価格は下落します。（105ページで詳細に解説）

運用したい人が増えて
通貨の需要が上がる

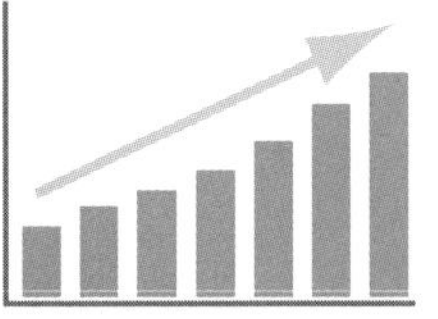

通貨価格の上昇

金利が低下

運用したい人が減り
通貨の需要が下がる

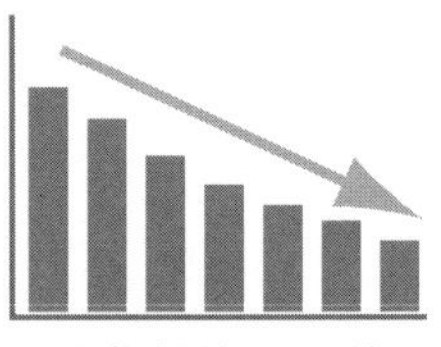

通貨価格の下落

③ 資源の価格

資源とは人間の生活や産業に必要な材料のことで、石油や石炭、鉄などがあります。そして、資源を輸出する国の場合、**資源価格が上がると景気が良くなるので通貨価格は上昇**、逆に資源価格が下がると景気が悪くなるので通貨価格は下落します。

資源価格が上昇

輸出による売り上げが
増え、景気が改善

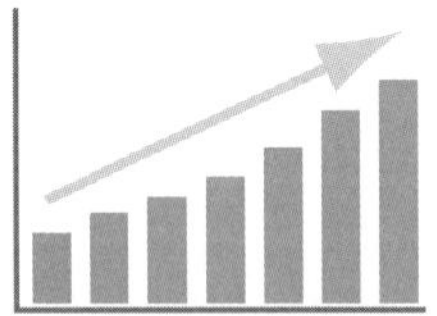

通貨価格の上昇

資源価格が低下

輸出による売り上げが
減り、景気が悪化

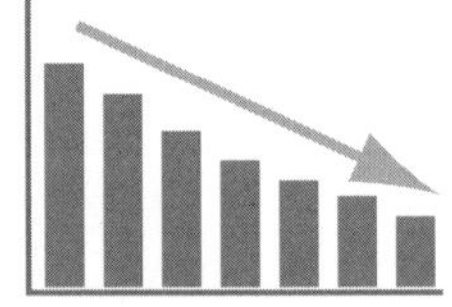

通貨価格の下落

※資源を輸出する国の場合

④ 政治情勢・地政学的リスク

A国の**政治情勢が安定化**すると、政治への安心感から投資する資金が増えるため（好景気が期待できるため）、**A国の通貨価格は上昇**します。

一方、テロや政府要人の事件など、A国の政治情勢が不安定になると、政治への懸念から投資する資金が減るため（景気悪化が心配されるため）、A国の通貨価格は下落します。

また、政治情勢だけではなく、クーデターなど軍事的な緊張が高まった場合も、それらの国の通貨価格は下落します。

政治情勢が安定

政治への安心から
投資する資金が増える

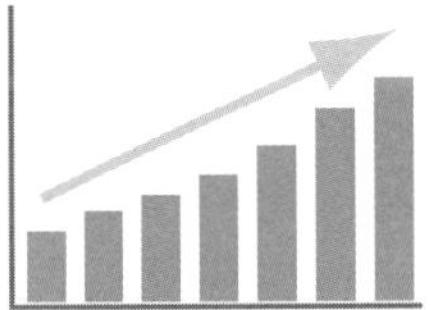

通貨価格の上昇

政治情勢が不安定

政治への不安から
投資する資金が減る

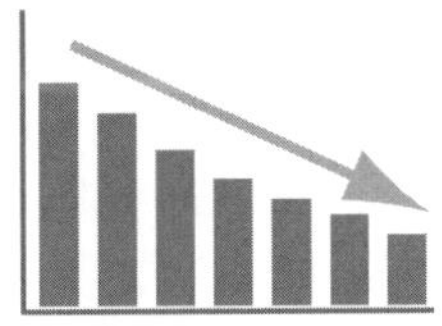

通貨価格の下落

■2国間の比較で判断が大切

為替レートはこうしたファンダメンタルズの要因によって大きく変動します。

ただし、例えば景気が回復しているから必ずその国の通貨が上昇するわけではありません。あくまでも通貨ペアの2ヶ国を比較する必要があるからです。

A国の景気が良くても、それ以上にB国の景気の方がそれを上回っていれば、A国の通貨の価格は下落し、B国の通貨の価格が上昇します。

ファンダメンタルズ分析には、このような相対的な比較が重要です。

通貨の価格は2国間の力の綱引きで決まるので、必ず両方の国のファンダメンタルズを見ておく必要がありますね！

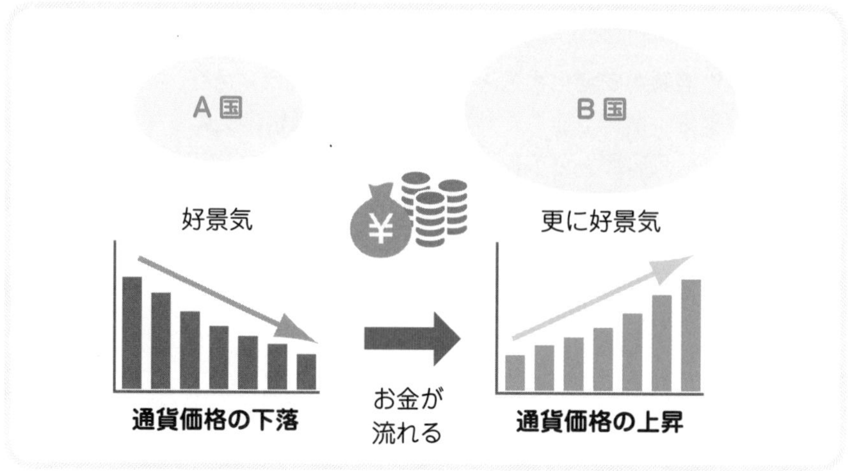

POINT 通貨の価格は「需要と供給」で決まる

通貨の価格（レート）は**需要と供給のバランスで決まり**、それらに影響を与える要素は「景気・経済」「金利」「資源価格」「政治情勢・地政学的リスク」などがあります。

また、常に2国間の比較で考えていく必要があります。

金利と外国為替の関係とは？

景気が良くなると、その国の通貨を買いたい人も増えて、通貨の価格は上昇するんですね。そのとき、金利ってどんな動きをするんですか？

景気は金利によって左右されます。そしてその金利によって通貨の需要が増えたり、減ったりするんですよ。

金利が上がると需要も増えるってことですか？

■金利が上がると通貨の価格が上昇する理由

基本的なことですが、**金利とはお金を預金したり借りたりする際に受け払いする利息**のことですね。銀行の預金やローンをイメージすると分かりやすいでしょう。

FXでは、通貨を保有すると**スワップポイントという金利**が付くという話をしました（44ページ参照）。

金利が高い国と金利が低い国があれば、**金利の高い国の通貨を保有したほうがたくさん利息がもらえます**。

たとえば、円から金利の高いトルコなどの国の通貨に交換すれば、より多くの利息を得ることができます。

投資家からすれば、金利が低い国の通貨で銀行に預けておくよりも、金利のより高い国の通貨に交換して、多くの利息を得ようとするでしょう。

金利が上がるというニュースが流れるだけで、その国の通貨の価値は上昇します。

逆に金利が下がることになると、その国の通貨の価値は下落します。一般的には次のような関係になります。

- **金利上昇 ＝ 通貨高**
- **金利下落 ＝ 通貨安**

通貨間の相対的な関係に着目

ただし、これは景気の話と同じで、**通貨同士の相対的な関係**としての評価なので、A国の金利が上がっても、それ以上にB国の金利が上がるのであれば、A国の通貨の価格は上昇しにくくなります。

投資先としてより魅力的な国はB国だからです。金利が上がれば、必ず通貨の価格も上昇するという単純な話ではなく、2国間の「金利差」に着目する必要があるのです。

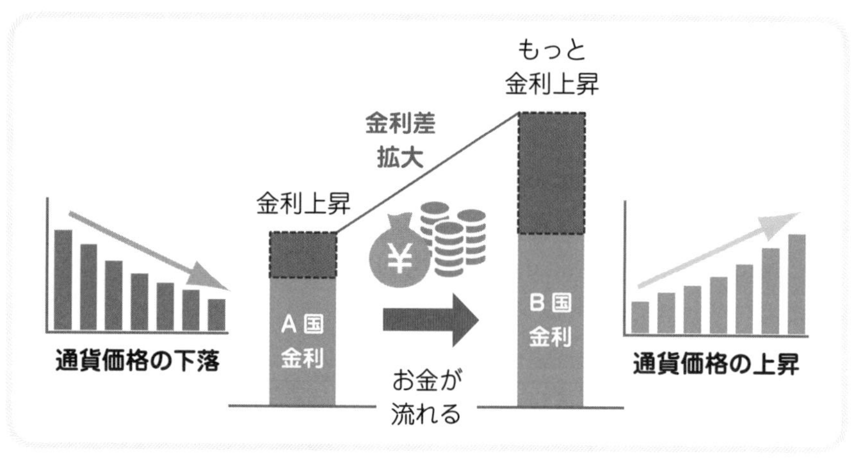

新興国は高金利の傾向

注意点としてメキシコやトルコ、南アフリカなどの新興国は総じて高金利の傾向があります。

新興国の場合、国の経済発展には国内の資本（お金）だけでは不足しているため、海外からお金を積極的に借りる必要があるのです。

逆に言うと、これらの国々では高金利にしないとお金が集まらないほど経済が不安定であることの裏返しでもあるのです。

景気悪化などのニュースが流れると、高金利であるにも関わらず通貨価値が大きく下落するリスクもあることを肝に銘じておきましょう。

■金利はFXのスワップポイントに大きな影響がある

1日目で学習したスワップポイントも金利と関係しているんですよね？

はい、2国間の金利差から発生するのがスワップポイントなので、金利が変動することでスワップポイントの数値も変動します。

FXには「**スワップポイント**」があり、金利の低い国の通貨を売って、金利の高い国の通貨を買えば毎日その金利差分の利益であるスワップポイントを受け取れます（44ページ）。

2国間の金利差が拡大すると、一般的にスワップポイントは大きくなるので、金利の高い国の通貨を買った方が有利です。逆に金利の低い国の通貨を買うと金利差分を毎日支払うことにもなり、損失になります。

これも金利が上がると通貨を買いたい人が増えるので価格が上がり、金利が下がれば逆に売りたい人が増えるので通貨の価格が下がる要因となります。

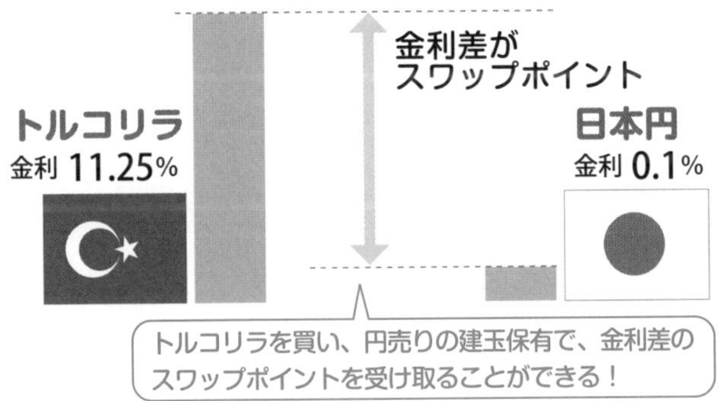

■短期金利と長期金利の違い

FXをする際には、どの金利に着目するべきでしょうか？

金利にも様々な期間の金利がありますが、代表的なものに「10年国債利回り」があります。

金利は大きく2つに分けられます。お金を借りたり預けたりする期間が**1年未満の「短期金利」**と、期間が**1年以上の「長期金利」**です。

短期金利は、次節で解説する**政策金利**（110ページ）によってほぼ決まります。

一方で、長期金利は政策金利の動向や、物価の変動などの影響を受けて、資金の需要と供給の関係で決まります。

長期金利は「**10年国債利回り**」の金利が代表的な指標で、為替の動向を分析する際にもよく利用されます。

例えば、米国の長期金利である**米10年債利回りが上昇するとドルが買われ**、米10年債利回りが低下するとドルが売られやすい、といった具合です。長期金利はタイムリーに変動していきますので、短期売買のトレードスタイルの場合、長期金利の動向はどうなのかという点も常に意識していく必要があります。

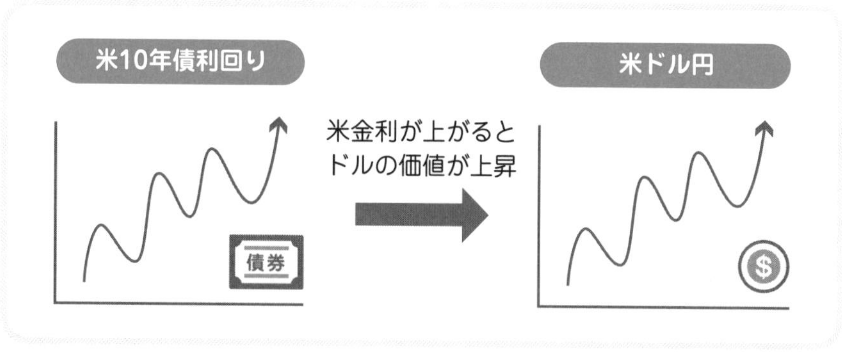

3-04 金融政策って何？

中央銀行や金融政策という言葉を聞いたのですが、まったくわからなくて……

中央銀行は各国で通貨の安定をつかさどる、言わば通貨の番人です。FXをする上で、中央銀行と金融政策の理解は必須なので、覚えていきましょう!

■中央銀行と金融政策の役割について

中央銀行とは、その国の「通貨を発行」したり、通貨価値の安定をはかる「金融政策」を行ったりする、**国家や特定の地域で金融の中心となる機関**のことです。

中央銀行は各国に必ずあります。日本の中央銀行は**日本銀行**（略して日銀）、アメリカは**FRB(連邦準備理事会)**、ヨーロッパは**ECB(欧州中央銀行)**、イギリスは**BOE(イングランド銀行)**です。

各国の中央銀行

日本	米国	欧州	英国
日本銀行	FRB （連邦準備理事会）	ECB （欧州中央銀行）	BOE （イングランド銀行）

そして、中央銀行は経済を回復させる（または、景気過熱を防ぐ）ことや、物価の安定を行うために「金融政策」と呼ばれる経済対策を行います。**代表的な金融政策は政策金利の引き上げ・引き下げ**（110ページ）や、**量的緩和策**（112ページ）です。

アメリカの場合は約6週に一度（年8回）**「FOMC」（連邦公開市場委員会）**が開催され、アメリカの政策金利であるFF金利（フェデラルファンド金利）の誘導目標値が発表されます。

FOMC声明文やその後の**FRB議長声明**は世界中から注目されており、サプライズも少なくないため、為替相場の大きな転換期になることがあります。

アメリカが利上げするのか（政策金利の引き上げ）、利下げするのか（政策金利の引き下げ）、それとも現状維持なのかによって、長期に続く強いトレンドを形勢する可能性があります。

アメリカに加えて、FXで取引する通貨ペアの金融政策は、必ずチェックするようにしましょう。

■政策金利の引き上げ・引き下げ

金融政策で代表的な対策は、政策金利と呼ばれる短期金利を設定することです。

具体的には、景気の良し悪しで政策金利を設定します。

- **景気が悪くなる ➡ 政策金利の引き下げ**
- **景気が良くなる（過熱する） ➡ 政策金利の引き上げ**

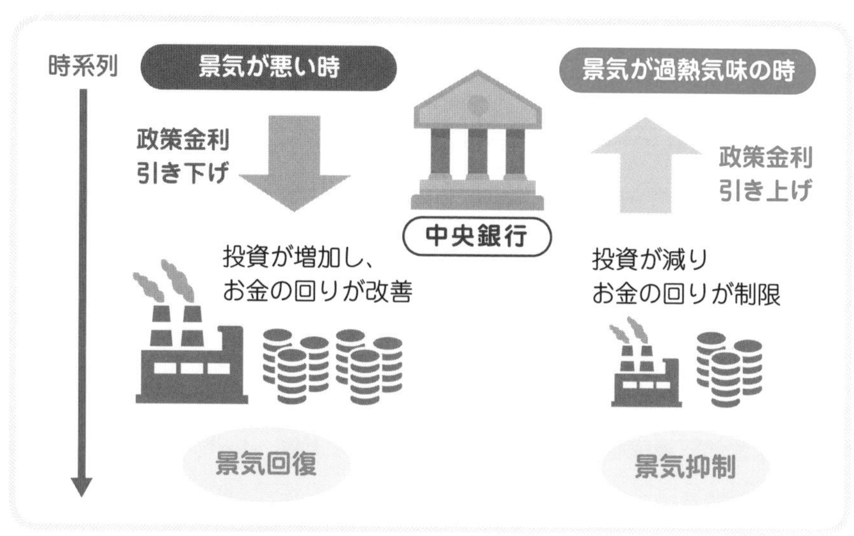

不景気のときは金利引き下げ

不景気の時に中央銀行が**政策金利を引き下げる**と、銀行の預金金利や貸出金利なども連れて下がります。

すると、今までお金を借りたくても借りられなかった企業や人が、金利が下がったことで銀行からお金を借りやすくなります。

加えて、資金が豊富な企業や人は、銀行にお金を預けていてもあまり増えないので投資をする動きが増えて、市中に出回るお金の量が増えます。つまり、お金の回りが良くなり、景気は刺激されるのです。

景気が過熱したときの金利引き上げ

今度は**景気が良すぎる状態の時**に**中央銀行が政策金利を引き上げる**と、銀行の預金金利や貸出金利なども連れて上がります。

すると、先ほどの説明と全く逆で、金利が高いので**お金を借りにくくなる**ほか、銀行に**お金を預ける企業や人が増える**ので、市中に出回るお金の量が減り、お金の回りが絞られ、**景気は抑制される**のです。

金融政策と為替への影響は、以下の通りです。

- 「景気後退」 ➡ 「金融緩和で利下げ」 ➡ 「通貨安」
- 「景気過熱」 ➡ 「金融引き締めで利上げ」 ➡ 「通貨高」

景気が悪いと金利を下げて景気を下支えするのは分かりますが、景気が良すぎるのも良くないのですか？

非常に良い質問ですね。景気が過熱しすぎると、いずれかの段階でその反動が起きて急激な景気悪化が訪れます。いわゆるバブル崩壊です。そうなると、大恐慌で企業が倒産したり、リストラになる人が増えたりするので、事前に景気過熱を抑えるのが利上げなのです。

■量的緩和政策って何？

金融政策は政策金利に関することだけではありません。景気刺激策として、中央銀行が金融機関から国債を買い上げ、**通貨供給量を増やすようなコントロール**も行います。これを「**量的緩和政策**」と呼びます。

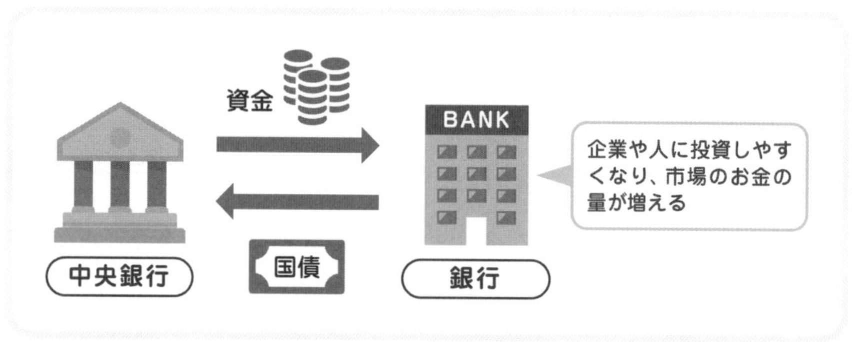

例えば2013年の日本では、デフレ脱却のため市場に供給するお金の量を倍増させると日本銀行が発表しました。

市場に出回る**通貨の量が増える**と、需要と供給の面からもその**通貨の価値は下がる**ので、米ドル円は大きく円安に振れています。

今後の金融政策の転換を予想する

どのような金融政策が採られるのかという情報は、FXで勝つためには必要不可欠です。

また、今後どのような金融政策になるのかという見通しを、様々な経済指標の結果から予想できるようになることも、為替相場の予想には不可欠となります。

ちなみに**インフレ率（物価上昇率）**の目安は多くの国が「2%」です。これは日本銀行をはじめ、アメリカのFRB、ユーロ圏のECB(欧州中央銀行)も同様です。

物価安定の目標値であるインフレ率が2%に到達した場合、またはその見通しが立った場合は、**金融政策の転換期になる可能性が高い**と考えられます。

米ドル、ユーロ、日本円は流通している通貨トップ3なので他の通貨への影響力が大きく、自分が扱っている通貨の国の金融政策だけではなく、この3国の金融政策には注目する必要があります。

「日本銀行」「FRB」「ECB」の声明は、事前に日時が把握できますので確認するようにしましょう。

	日本銀行（日本）	FRB（米国）	ECB（欧州）
政策金利	▲0.1% （長期金利：0%程度）	0.00〜0.25% （欧州中央銀行）	0%
資産購入	ETF：12兆円 J-REIT：1,800億円 CP・社債：約20兆円	米国債：月800億ドル 住宅ローン担保証券（MBS）：月400億ドル	資産購入の特別枠（PEPP）： 1兆8500億ユーロ

2021年3月31日時点

POINT　金融政策は通貨の価格に大きく影響を与える

通貨の番人である**中央銀行**は、政策金利の引き上げ・引き下げや、資産購入などを通じて、経済対策を実施します。

通貨の価格に与える影響も大きいので、特に、日本銀行、FRB（米国）、ECB（欧州）などの先進国の金融政策の動向は確認するようにしましょう。

3-05 財政政策と外国為替の関係

鈴木先生、金融政策とは別に財政政策もよく耳にしますが、これは同じ意味なんですか？

どちらも景気回復やインフレ抑制のための経済対策ですが、内容はかなり違います。外国為替への影響も金融政策とは別に考えた方がいいでしょう。

■財政政策は政府が行う経済対策

金融政策が中央銀行によって主導されるのに対し、**財政政策は政府によって主導**されます。

つまり「**財政政策とは国の歳入・歳出を通じて行う経済対策**」のことです。

歳入については、「増税」や「減税」の他、「国債の発行の増減」といった項目が挙げられます。

歳出については、「公共事業の拡大・縮小」や新型コロナウイルスのような緊急事態における「持続化給付金」などが挙げられます。

財政政策は強力な景気刺激策になります。

景気後退の中、所得税や法人税を減税することで消費や投資を促すことができますし、公共事業の拡大については、特にその恩恵を受ける業界は潤い、株価も上昇します。

海外投資家も積極的に参入してきますので、通貨高になる傾向が強いのです。

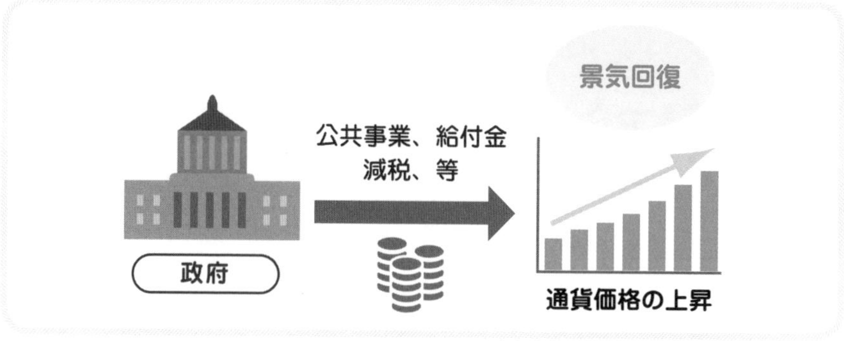

❖POINT❖　財政政策は政府が行う強力な景気刺激策

財政政策は、政府が国の歳入や歳出を増減させて行う経済対策のことです。

特に、景気後退の中で実施する「**公共事業の拡大**」や緊急事態下での「**給付金**」は**景気を刺激し通貨価値を高める**効果があります。

経済指標でファンダメンタルズがわかる

今後の景気動向の目安になるのが、経済指標の結果ですよね？

そうですね。経済指標を分析することで、今後行われるだろう金融政策や財政政策についても予想することができます。

毎日いろいろな国で様々な経済指標が発表されていて、分析できるか心配です。優先順位や注意すべき点があったら教えてください！

■優先順位の高い経済指標

まず必ず確認しておきたいのが、「キング・オブ・経済指標」と呼ばれている「**米雇用統計**」です。米雇用統計についてはこの後、3-07で詳しくご説明していきます。

米国の雇用統計以外では、

- 四半期GDP
- 物価動向を示す「消費者物価指数」
- 個人消費に関連する「小売売上高」
- 景況指数としては「ISM製造業景況指数」「ISM非製造業景況指数」

などが注目されています。

金融政策を直接発表するFOMCやECB政策理事会、日銀の金融政策決定会合も日時が決まっているので、こちらも同時に確認しておく必要があります。

半年間しっかりと分析していけば、どの経済指標が為替に影響力が強く、どの経済指標が動意薄なのか判断ができるようになるでしょう。

まずは重要度の高い経済指標だけでも構わないので、日々、経済指標の結果と為替動向を確認していく習慣を身につけてください。

121ページで特に重要な経済指標を厳選して紹介します。

■指標発表直後のボラティリティ（変動率）の高さには注意

重要な経済指標の**発表直後は為替レートが大きく変動**することがあります。これは事前予想との乖離が大きく、**ネガティブサプライズ**や**ポジティブサプライズ**が起こった際によく見られます。

状況によっては数分で100pips以上変動することもあります。

この為替差益を狙って取引に参加するトレーダーが多いので、取引が集中して値動きが激しくなります。

ハイレバレッジで取引していると、ここで一気にロスカット（54ページ）される危険性がありますので注意してください。

FX初心者の方は、このような大きな変動が起こることが予想されるタイミングでの取引は避けた方が賢明です。

POINT　経済指標は優先度を確認しよう

経済指標は各国で日々発表されるので、全て確認する必要はありません。

それらの中から、為替レートに大きな影響を与える、重要な経済指標のみに厳選して、確認するようにしましょう

指標の分析は事前予想との比較が大事

経済指標については、**「事前予想」との乖離がポイント**です。

どれだけ良い数値になっても事前予想よりも低い場合は、市場はネガティブに受け止めますので、あくまでも事前予想と比較してファンダメンタルズ分析をしてください。

また、経済指標の良し悪しが、必ず為替相場に影響するとも限りません。それ以上に注目されている金融政策などが発表されている場合、動意薄となることもあります。

ファンダメンタルズ分析を行っていくと、為替相場はいろいろな要素がからみあって変動していることがわかるようになります。

経済指標①：米雇用統計

重要な経済指標発表前後は、為替は変動しやすいってことを忘れずに取引します。その中でも一番注意が必要になるのが、アメリカの雇用統計なんですね？

はい。
米雇用統計発表時はお祭り騒ぎになりますよ！

■ 米雇用統計の中身と発表日時

米雇用統計はいくつかの項目で構成されています。

- 非農業部門雇用者数
- 失業率
- 平均時給
- 週労働時間
- 建設業就業者数
- 製造業就業者数
- 金融機関就業者数

などの10項目

しかし、すべての数値が市場に大きな影響を与えるわけではありません。最も重要な項目は「**非農業部門雇用者数**」（**NFP**）で、農業部門を除いた産業分野で雇用されている人数を示します。雇用統計発表時はまずはこの**NFPが、事前予想よりも良いのか悪いのか**を確認してください。

米雇用統計が為替へ与える影響ですが、一般的に**NFPが予想よりも強ければ米ドル高、予想よりも弱ければ米ドル安**となります。これは、NFPが現状のアメリカの景気を表し、「**不景気の終わりが見えてきた段階から回復し、景気後退と同時に減少していく**」という傾向があるからです。

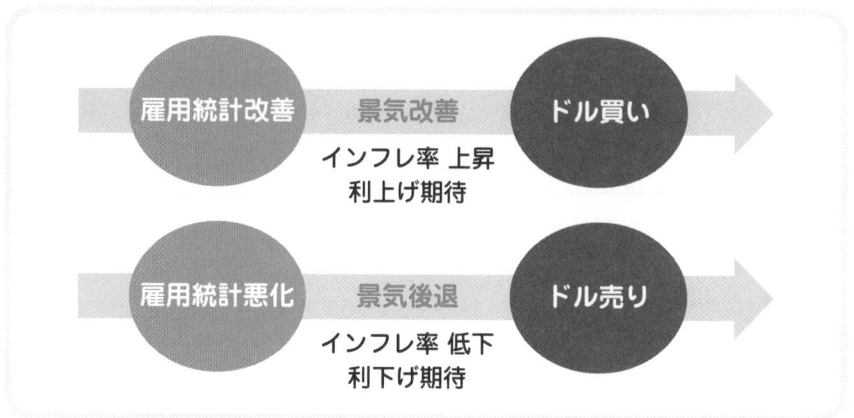

ただし、必ずしもそうならないケースも多々あり、強いNFPを受けてドル円が急騰したと思えば、利益確定の売りが大量に発生してすぐに元の水準以下へ下落する場合もあります。なので、不要なリスクを避けるためにも、初心者の方は雇用統計前後の取引を控えるのがおすすめです。

雇用統計の発表日は「**毎月1週目の金曜日**」で、夏時間であれば日本時間で**21時30分**、冬時間だと1時間遅くなり**22時30分**となります。

■NFP以外に注目したほうがいい項目は？

NFP以外では、雇用との相関関係が強い「**失業率**」も注目されます。失業率が悪くなれば景気悪化の流れが起きていることを意味し、逆に失業率が改善されているということは、景気も上向きと考えることができます。

また、NFPや失業率とともに「**平均賃金**」も注目されます。ただし、失業率や平均賃金については事前予想との乖離はほぼないので、逆に大きなブレが発生した場合は注意が必要になるでしょう。

経済指標②：その他の主要経済指標

一番注目すべきは雇用統計なんですね。その他に注目した方がいい経済指標はありますか？

そうですね、世界的にみると為替に影響を与える経済指標は100種類以上ありますが、全てを把握する必要はないので、最低限押さえておくべき指標をご紹介しましょう。

■アメリカの重要経済指標

①「GDP」(国内総生産)

GDPとは、経済成長や景気動向を総合的に判断できる重要な指標で、**一定期間内に国内で新たに生産されたサービスや財の付加価値を合計**したものです。

四半期ごとに「速報値」、「改定値」、「確定値」と3回に分けて発表されます。「1月」、「4月」、「7月」、「10月」の月末に発表される**速報値が最も注目される**ので、相場が変動を受けやすいです。

②「小売売上高」

小売売上高は、**個人消費支出の動向を確認する指標**です。米商務省センサス局から毎月中旬に発表されます。アメリカのGDPは個人消費が7割ほどを占めていますので、GDPの動向を予測するのにも有効です。自動車部門は比率が高いですが、時期によってばらつきがありますので注意が必要です。

③「CPI」(消費者物価指数)

消費者物価指数は、**消費者が購入するモノやサービスなどの物価の動きを示す指標**です。労働省労働統計局から毎月中旬に発表されます。

インフレは金融政策や金利に直接影響を及ぼしますので、注目度は高いです。食料品やエネルギーは時期によってばらつきがあるため、それらを除いた**「コア指数」により注目**してください。

④「ISM製造業景況感指数」

ISM(全米供給管理協会)が発表している製造業の景況感を示す指数です。毎月第1営業日に発表されます。

300を超える製造業企業へのアンケート結果で、前月と比較した景況感を指数として計算しており、**50より上だと景気拡大、50より下だと景気後退という判断**です。

⑤「ISM非製造業景況感指数」

ISM(全米供給管理協会)が発表している非製造業の景況感を示す指数です。毎月第3営業日に発表されます。

仕組みはISM製造業景況感指数と同じで、非製造業企業へのアンケート結果で、50が景気判断の分岐点になる点も同様です。

⑥「ADP雇用統計」

民間大手給与計算会社ADP社から雇用統計の2日前に発表されます。一応、雇用統計の先行指標とされていますが、ADP雇用統計がポジティブサプライズに対して、雇用統計が逆にネガティブサプライズになることも珍しくなく、相関はあまり強くありませんので注意してください。

ただし、注目度は高いので、結果によっては為替相場に大きく影響します。

■ユーロ圏の重要経済指標

米ドルの次に通貨量が多いのが「**ユーロ**」です。ユーロ高になると米ドルが売られて米ドル安となり、ユーロ安になると米ドルが買われて米ドル高になる傾向があります。ですからアメリカの経済指標だけでなく、ユーロ圏の経済指標も確認した方がいいでしょう。

ユーロ圏の経済の中心は「**ドイツ**」ですので、ドイツの経済指標を優先してください。ユーロ圏の景気動向を判断するうえで欠かせないのが、ドイツ政府の経済研究所の調査結果として毎月発表される「**Ifo景況感指数**」です。およそ7000社の経営者を対象にしていますので、為替相場に強い影響力を持っています。

また、Ifo景況感指数の先行指標とされるのが、ZEW(欧州経済研究センター）から発表される「**ZEW景況感指数**」です。どちらも注目されていますので、毎月常に確認しておくとトレンドは予想しやすくなります。

Column 実力を高める相場日誌の書き方

FXのスキルを上達させるうえでおすすめの方法が、相場日誌を毎日書くことです。
私がメガバンクの市場部門へ最初に異動した際に、毎日この相場日誌を書いてファンダメンタルズ分析やテクニカル分析の訓練をしていました。毎日続けることで、メキメキと相場感が身に付き、実力アップにつながったと感じます。
相場日誌とは、「為替相場がどう動いたのか」、「動いた理由は何か」「今後相場はどうなるのか」を自分の言葉でまとめて書くことです。
毎日書く時間が取れない人は、数日に1回や1週間に1回でもいいでしょう。大事なのは、日誌を書くことを継続することです。
相場日誌には、以下の4項目を書きましょう。

- **相場の振り返り**
- **高値・安値**
- **今後の相場見通し**
- **トレード戦略**

相場の振り返りでは、為替レートがどう動いたのかをまとめ、その背景を書きます。ニュースサイトやFX会社のアプリなどでも、情報が得られるので、それらをまとめて書いて問題ありません。
そして、自分の言葉で今後の相場見通しを書いてみましょう。
今後の見通しに正解はないので、根拠を持って予想することが大事です。そして、もし予想が外れた場合は、なぜ自分の予想が外れたのか、改善点はどこにあるのかを考えてみて下さい。
最初は大変かと思いますが、コツコツ続けることで、実力は驚くほど高まると思います。

チャートで予測しよう!
テクニカル分析

4日目では、チャートを分析して為替レートの値動きを予想するテクニカル分析について学習しましょう。
ローソク足チャートが読めるようになると、それだけでFXで稼ぎやすくなりますので、しっかりとポイントを押さえていきましょう。

テクニカル分析って何？

生徒「今さらですが、「チャート」という言葉がそもそも何なのか良く分かりません……

チャートは過去の為替レートの推移を時系列に並べて表示させたものを言います。そして、チャートを分析して将来の値動きを予想する方法がテクニカル分析です。

■テクニカル分析で何が見えますか？

では、実際にチャートを見てみましょう。次ページの図は最もよく使用される「**ローソク足チャート**」と呼ばれるものです。

ローソク足の読み方は130ページで解説しますが、はじめてチャートを見た方でも為替レートが、

- **上方向に行っているな**
- **下方向に向かっているな**
- **横ばいが続いているな**

といったことがなんとなくわかりますね。

過去から現在までの値段の動きがどうだったかを把握して分析するのが、テクニカル分析です。

そして、過去の値動きを踏まえた上で、**今後、為替レートがどのように動くのか**（上がるのか、下がるのか）を予想していくのです。

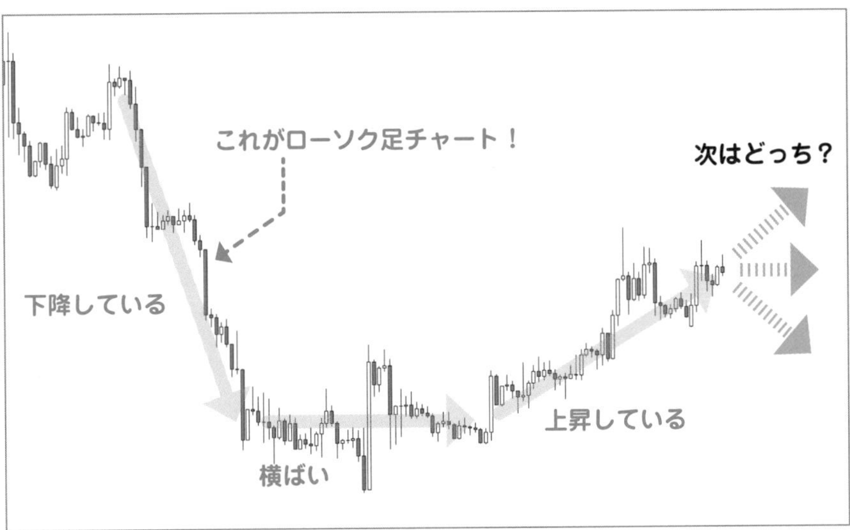

■FXで稼ぐには3つの動きを覚えるだけ

非常にシンプルで重要なことですが、一見複雑に動いている為替レートの値動きも、分類すると以下の3つの**相場環境**しかありません。

- 上昇トレンド
- 下降トレンド
- 横ばい

そして、それぞれの相場環境に対して投資家が取るべき取引は次の通りで明確に決まっています。**これ以外の選択肢はありません**。

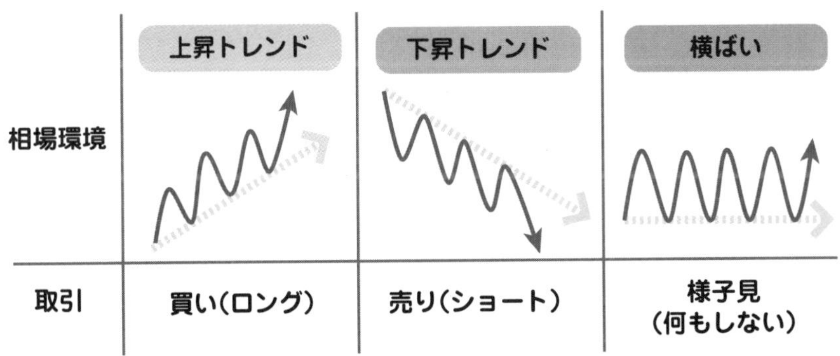

FXで利益を上げるためには、まずは**現在の相場環境を正確に分析**し、上昇トレンドなのか下降トレンドなのか、それとも横ばいなのかを判断します。

その上で、**上昇トレンドであれば買い、下降トレンドであれば売り、横ばいであれば取引を控える様子見**をすることで利益をあげることができます。

なぜこのシンプルなことができないのでしょう？

ではなぜ、こんなシンプルなことを多くの投資家ができずに負けてしまうのでしょうか？

この原理が頭では分かっていても目先の欲に目がくらんでしまい、横ばいでトレンドがない時に積極的に取引を仕掛けたり、上昇トレンドの最中に「なんとなく下がるかな」と売りを仕掛けたりしてしまうのです。

勉強が進むと、この当たり前のことさえ忘れてしまいできない人が大半なので、しっかりと頭に入れておきましょう。

トレンドの方向に沿って取引をするということですね？

その通り！　これをトレンドフォロー（順張り）と呼び、FXの王道となる取引方法です。
トレンドに反して逆張りする手法もありますが、リスクが高いので初心者の方はまずはトレンドフォローを実践しましょう。

■トレンド系とオシレーター系の2つの分析方法

チャートを眺めて、「なんとなく上昇しているから買おう」「なんとなく下落しているから売ろう」というのはテクニカル分析ではありません。

それは**何の根拠もなしに勘だけを頼りにお金を投じる「ギャンブル」です**。絶対にしてはいけない行為です。

テクニカル分析では、チャートを様々な手法で分析し、**明確なシグナルを発見**してはじめて上昇や下落を予想して取引をしていきます。

チャートを分析するテクニカル分析には大きく分けて2つのカテゴリーがあります。

- **トレンド系**
- **オシレーター系**

今の相場が「上昇トレンド・下降トレンド・横ばい」のどの相場環境なのかを示し、「**いつ買い・売り**」をすればいいのかを判断するのが**トレンド系**です。

一方で、相場が**「買われ過ぎ・売られ過ぎ」の過熱感を判断する**のがオシレーター系のテクニカル分析です。

それぞれどんな分析の指標があるの？

トレンド系とオシレーター系には、次のような種類があります。

これらそれぞれの分析指標については5日目で詳しく具体的に説明していきます。

●トレンド系とオシレーター系のチャート分析指標

トレンド系	オシレーター系
買い・売りを「いつ」すればいいのかを判断	「買われ過ぎ・売られ過ぎ」の過熱感を判断
・移動平均線 ・トレンドライン ・水平線 ・ボリンジャーバンド ・一目均衡表	・RSI（アールエスアイ） ・MACD（マックディー） ・ストキャスティクス ・RCI（アールシーアイ）

ローソク足の読み方

チャートを構成するローソク足って、なんでローソクなんでしょうか？

ローソクは、あの燃えるローソクですね。ローソクは上に芯がでています。
為替レートをローソクの固形部分（実体）と芯の長さ（ひげ）で表現できるので「ローソク足」というのですね。

■価格の動きを示すチャートの種類

為替や株価の**価格の推移を表すチャート**には「**ラインチャート**」「**バーチャート**」「**ローソク足チャート**」などの種類があります。

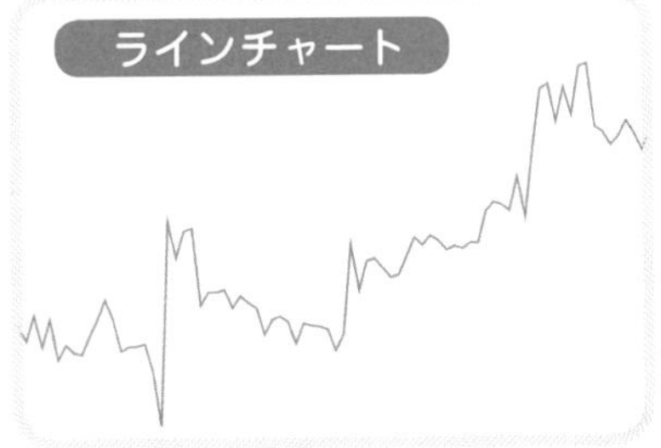

■ローソク足はこんなふうになっている

この中でも最もよく使われるのがローソク足チャートです。

ローソク足は**1本で1時間や1日など一定時間のなかでの4つの時点の価格を表現できます**。

① 始値（はじめね）：一定期間内ではじめてついた価格
② 安値（やすね）：一定期間で最も安い価格
③ 高値（たかね）：一定期間で最も高い価格
④ 終値（おわりね）：一定期間で最後についた価格

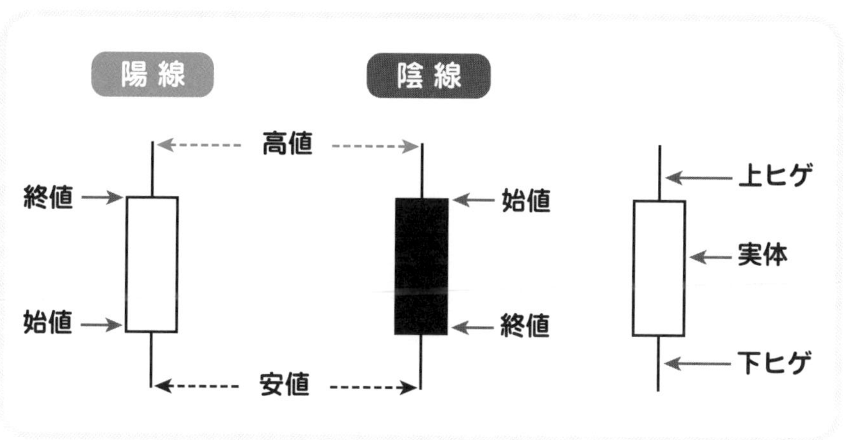

始値よりも終値の方が高いローソク足を「**陽線**（ようせん）」、終値よりも始値の方が高いローソク足を「**陰線**（いんせん）」と呼びます。

一般的に、**陽線を白塗り**、**陰線を黒塗り**で示しますが、チャートの種類によって赤・青などの色が使われることもあり、自由に色を設定できるアプリケーションもあります。

また、始値と終値に囲まれた部分を「**実体**」、上下にある線を「ヒゲ」と呼びます。上のヒゲを「**上ヒゲ**」、下のヒゲを「**下ヒゲ**」と呼びます。

■陽線のローソク足（始値より終値が高い）

それでは具体的にローソク足の意味を理解しましょう。

ある一定の期間のローソク足で、100円で始まり（①）、価格が99円まで下がりました（②）。

その後、103円まで上昇して（③）、102円で終わった（④）とすると、ローソク足は次のような陽線になります。

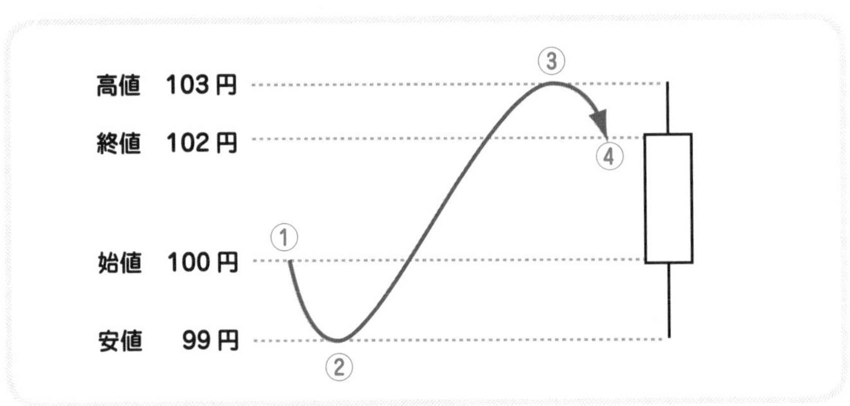

■陰線のローソク足（始値より終値が低い）

では逆に、価格が始値から終値にかけて下落する陰線の場合はどうでしょうか？

今度は102円で始まり（①）、103円まで上昇したものの（②）、売りが強まり99円まで下落し（③）、100円で終わった（④）場合、ローソク足は次のような陰線となります。

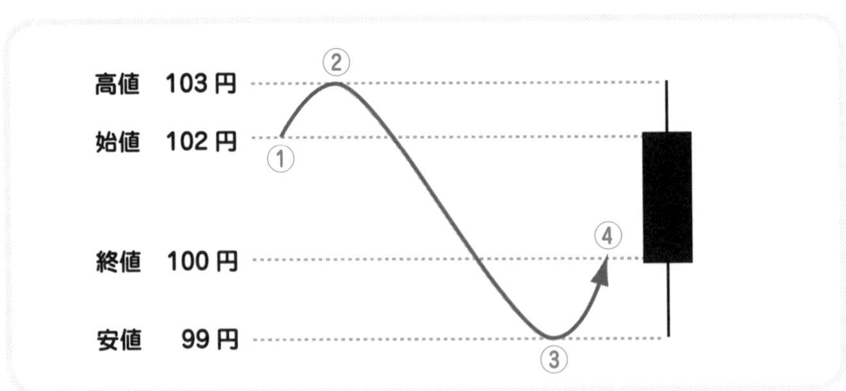

1本のローソク足の期間を変えて分析しよう

ローソク足って上下しながら横に並んでいますが、1つのローソク足でどれだけの期間を表現できるんですか？

ローソク足1本が示す期間は、月足から1時間足、1分足など様々な種類があります。スマホのアプリで簡単に期間を切り替えて見ることができますよ。

■ローソク足チャートの時間軸

ローソク足チャートは、**ローソク足１本の期間の長さ**によって呼び名や使い方が違います。

例えば、ローソク足１本の期間が１カ月であれば「**月足**（つきあし）**チャート**」、１日であれば「**日足**（ひあし）**チャート**」と呼びます。

次ページの表は、FXでよく使われる期間のチャートとその特徴です。

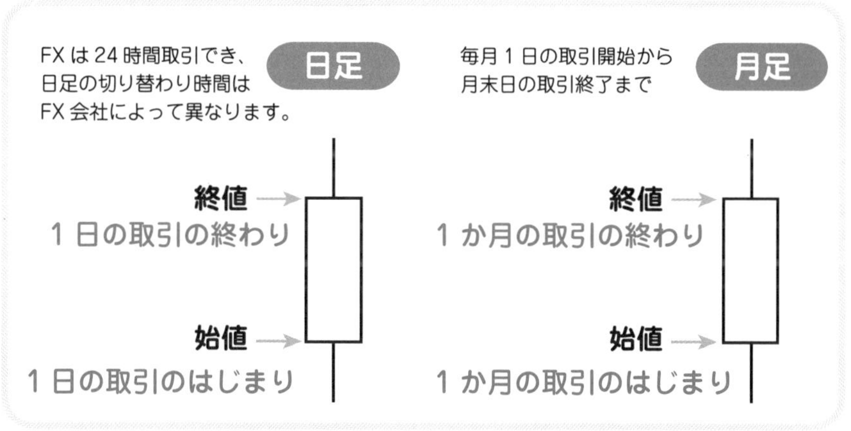

●チャートの足の示す期間と特徴

時間軸	特徴	チャート
月足チャート	1カ月で1本のローソク足ができるチャートです。1年以上の長期トレードをするのであれば必ず見ておくべきチャートです。	始値：月初 → 終値：月末　1カ月
週足チャート	1週間で1本のローソク足ができるチャートです。主にスイングトレードを行うプレイヤーが注目しています。	始値：月曜 → 終値：金曜　1週間
日足チャート	1日で1本のローソク足ができるチャートです。スイングトレードやデイトレードであれば必ず見ておくべきチャートです。	始値：0時 → 終値：24時　1日
4時間足チャート	4時間で1本のローソク足ができるチャートです。機関投資家などのプロもよく使う時間足です。デイトレードでは見ておきたいチャートです。	始値 → 4時間 → 終値　4時間
1時間足チャート	1時間で1本のローソク足ができるチャートです。4時間足と並んで短期売買によく使われるチャートです。	始値 → 1時間 → 終値　1時間
15分足チャート	15分で1本のローソク足ができるチャートです。デイトレードのエントリーポイントを探す際によく使われるチャートです。	始値 → 15分 → 終値　15分
5分足チャート	5分で1本のローソク足ができるチャートです。デイトレードやスキャルピングのエントリーポイントを探す際によく使われるチャートです。	始値 → 5分 → 終値　5分

■期間が長いチャートから分析する

チャートを分析する際は、

❶ 期間が長いチャートで現在の相場の状態を分析する
❷ 期間が短いチャートで買い・売りの注文価格を決める

という流れとなります。

例えば、日足で今が上昇か下降か横ばいかを見極めて、下位足の15分足で、買いや売りのタイミングを測っていきます。

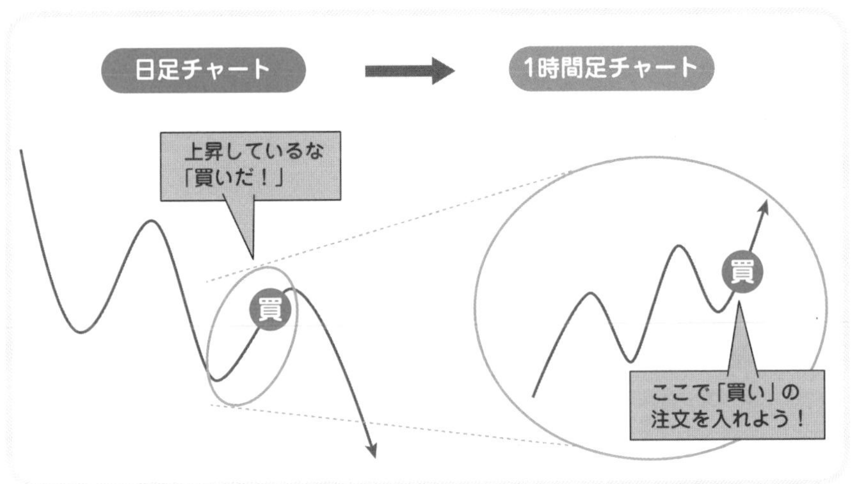

1つだけのチャート判断はダメです！

この流れを無視して1つの期間だけのチャートを見て取引すると、**重要な価格帯**（**レジスタンスやサポート**：164ページ）**に気づかずに取引**をしたり、主要な**トレンドに反して売買**をしたりするリスクが高まります。

1つの期間のみでは相場の全体像を把握しないまま「木を見て森を見ず」の不利な状態で取引をしていることになるのです。

具体例を挙げると、今、30分足チャートを見ると上昇トレンドだったので、買いで取引を始めたとします。

しかし、30分足よりも上位の時間軸である4時間足チャートでは下降トレンドの最中であり、一時的な戻りの場面で買いを入れてしまっている場合もあります。

これでは、**上位足の主要なトレンドに逆らう取引**となってしまい、その後すぐに下落してしまうので、とてもリスクが高い取引になります。

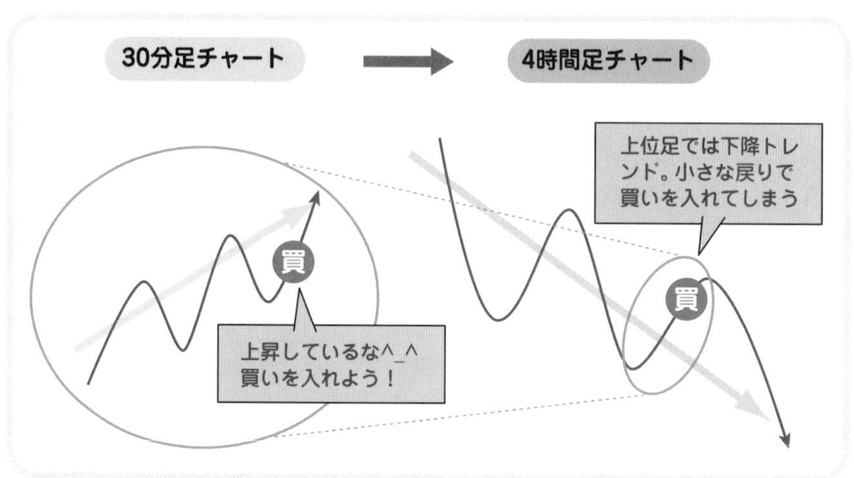

最初に上位足の４時間足チャートを分析して上昇トレンドであることを確認します。

次に**下位足の30分足チャートに切り替えて買いのタイミングを探す**ことで、上位足の主要なトレンドに沿い、なおかつ下位足でも勝率の高いポイントでエントリーができます。

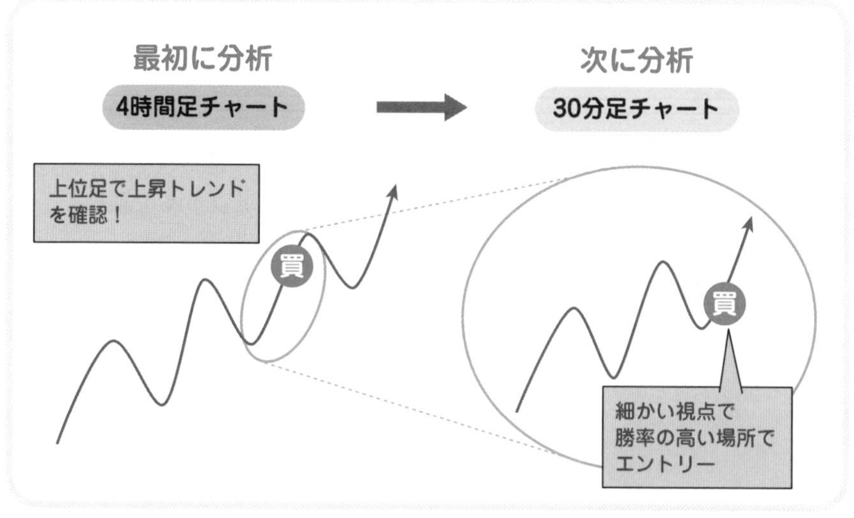

期間が長い時間軸を見て、その次に短い時間軸に移って取引のタイミングを計っていくのですね。ちなみに、どの時間軸を使えばいいでしょうか？

それはトレードスタイル毎によって異なります。次に使うべき時間軸について解説をしていきます。

■どの時間足で分析するのがいいでしょうか？

FXのトレードを、夜だけやってみようと思いますが、どの時間足のチャートを見たらいいでしょうか？

仕事が終わった夜にトレードするんですね。夜9時に買って1時間後に売るスタイル、1週間後に売るスタイルでは、見る時間足は違ってきます。でも、どの時間足を見なければならないという定石はないんです。

「チャート分析でどの時間軸を使えばいいの？」これは多くの方が疑問に思う質問です。

結論から言うと、「この時間軸でないといけない」というものはなく、投資家のトレードスタイルや手法によって最適な時間軸は異なり、**どれを使ってもチャート分析はできます**。

ただし、例えば数秒から数分で取引を繰り返す**スキャルピング**をする人であれば、月足、週足のような長いチャートは不要です。

逆に1週間ぐらいの期間で取引する**スイングトレード**の場合、1分足や5分足は短すぎるので**細かな値動きに惑わされる必要はありません**。

長期のトレードをしているのに、5分足、15分足を見てうろたえるトレーダーがたくさんいます。自分のトレードスタイルを踏まえて、見るべき時間足を理解しておきましょう。

●トレードスタイルに合わせた使用する時間足

トレードスタイル	上位足	下位足
長期トレード 数カ月～数年	月足 週足	日足
スイングトレード 数日～数週間	週足 日足	4時間足 1時間足
デイトレード 1日	日足 4時間足 1時間足	30分足 15分足 5分足
スキャルピング 数秒～1時間程度	1時間足 30分足	5分足 1分足

POINT　ローソク足は期間が長いチャートから分析する

ローソク足の期間は月足から 1 分足までいくつかの種類があります。

どの期間を使ってもテクニカル分析は機能しますので、自分のトレードスタイルに合った期間を選んでいくことが大切です。

また、チャートを見る際は、期間の長いローソク足から最初に分析し、その後に期間が短いローソク足を見るようにしましょう。

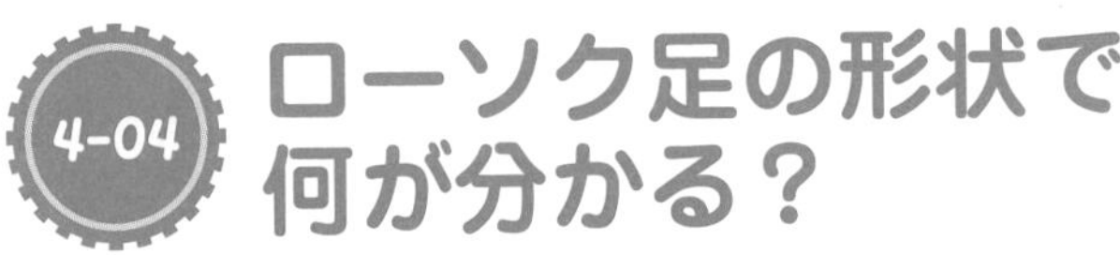

4-04 ローソク足の形状で何が分かる？

ローソク足の形状でどんなことが見えてくるのでしょうか？

ローソク足を読み解くことでその裏の大衆心理が理解でき、危険やチャンスを事前に察知することができます。
いよいよローソク足の形状についての解説です。

■大陽線（だいようせん） ― 一方的に買いが入って上昇

大陽線は始値＝安値、終値＝高値の形で、始値から**一方的に買われ上昇し続けて終了した**ことを示しています。**ヒゲがない**のは、安値をつくらず**一方的に買われた相場**です。

ファンダメンタルズなどで非常に**強い買い材料が発生**した時によく現れる形であり、**今後も上昇トレンドが継続する可能性**があるため売りは控えるべきと言えます。

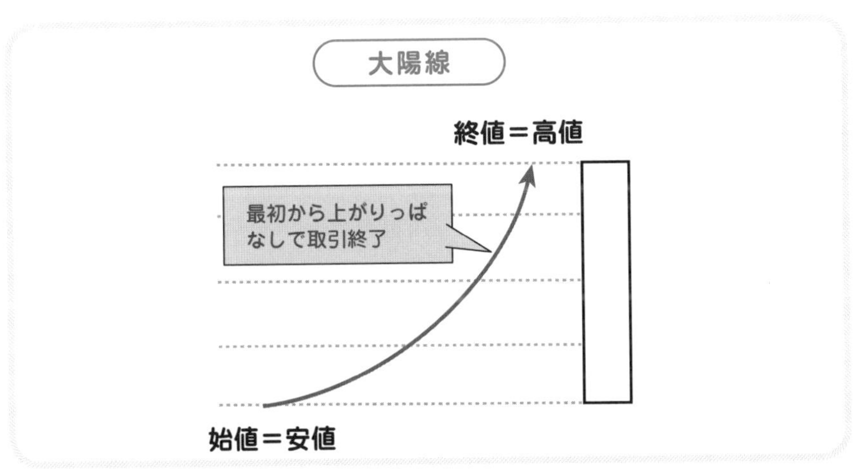

■大陰線（だいいんせん） ー 一方的に売りが優勢の相場

大陰線は大陽線の逆の形で、始値＝高値、終値＝安値で、**売りの勢いが強く、終始下げた相場を示しています**。こちらも同様に**ヒゲがない**ローソク足です。

大陰線が発生した際もファンダメンタルズで重要な売り材料が出た時が多く、この後も**下降トレンドが継続しやすい**ので、しばらく買いは避けるべき相場環境と言えます。

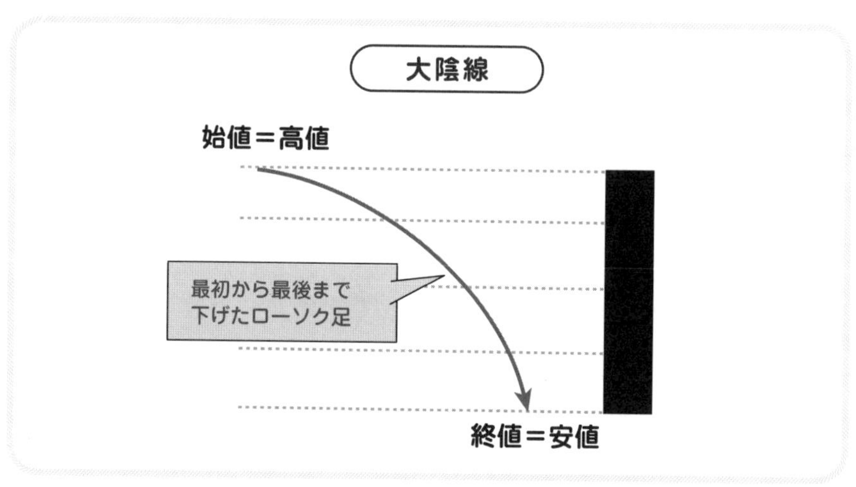

■トンカチ ー 天井圏の出現で下降が予測できる！

これから紹介するのは**トレンドの転換リスクを示すローソク足**の形です。

まずはトンカチです。

トンカチは**長い上ヒゲが発生**したローソク足の形です。高値まで一時的に上昇したけど、**買いたい人よりも売りたい人の方が多く、結局下落して終わった形**です。

上昇トレンドで相場の高い位置（天井圏）でトンカチが発生すると、買い勢力の力が尽きて、売り勢力の方が優勢になり、**上昇トレンドから下降トレンドへ転換する可能性が高まっている**ことを示します。

トンカチを見たら「そろそろトレンド転換するかな？」と警戒しないといけませんね。

トンカチ

高値

終値

始値

長〜い上ひげが特徴のトンカチ

天井圏でできると、下降が予測できる！

■カラカサ ー 底値圏の出現で上昇が予測できる！

カラカサは長い下ヒゲが発生したトンカチの逆の形です。安値まで一時的に下落したけど、その後は**売りたい人より買いたい人の方が優勢**になり、上昇して終わった形です。

カラカサが下降トレンドの中で、さらに相場の低い位置（底値圏）で発生したら、**下降トレンドから上昇トレンドへ転換する可能性が高まっている**ことを示します。

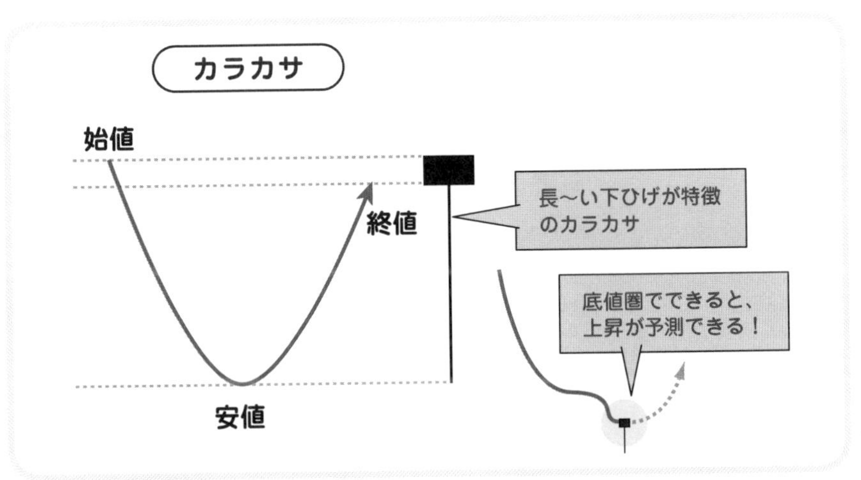

トンカチとカラカサには次のような類似形がありますが、どれも同じようにトレンド転換を示唆するローソク足の形状となります。

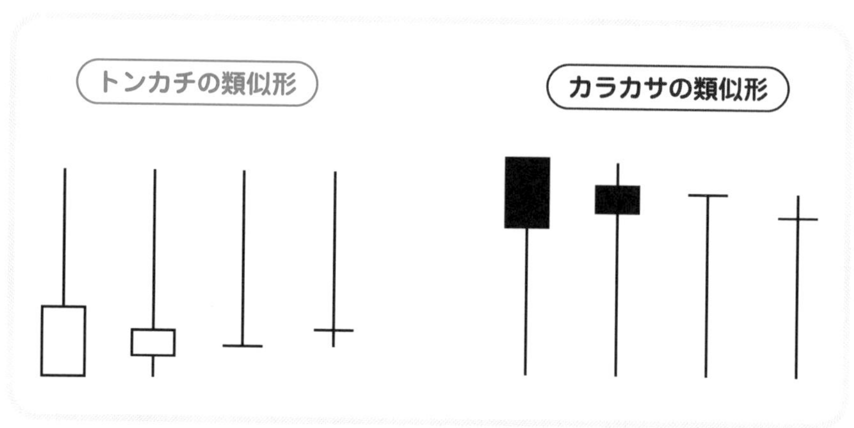

■十字線 ー トレンド転換がこれから起こる

最後に十字線です。十字線は、**買いたい人と売りたい人の力が拮抗**している状態を示し、トレンド転換の可能性を示すローソク足になります。

上昇トレンドの天井圏で現れた時は「**下降トレンドへの転換**」の可能性、**下降トレンドの底値圏**で現れた時は「**上昇トレンドへの転換**」の可能性をそれぞれ示します。

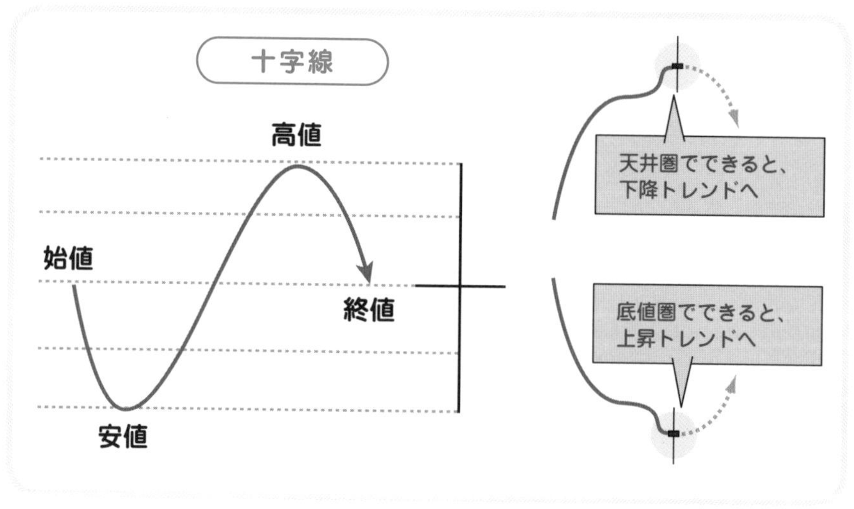

たくさんありますね。ローソク足の形状だけでも取引はできるのでしょうか？

ローソク足の形状だけで判断するとだまされることがあります。他のテクニカル分析と一緒に使うことで根拠が増えるので勝率がアップします。

●ローソク足の形状　まとめ

ローソク足の名称	読み解ける情報
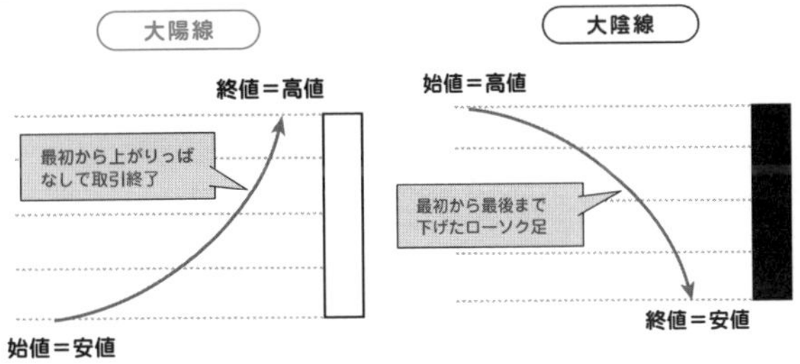 大陽線（始値＝安値、終値＝高値／最初から上がりっぱなしで取引終了） 大陰線（始値＝高値、終値＝安値／最初から最後まで下げたローソク足）	大陽線 強い上昇トレンドが継続 大陰線 強い下降トレンドが継続
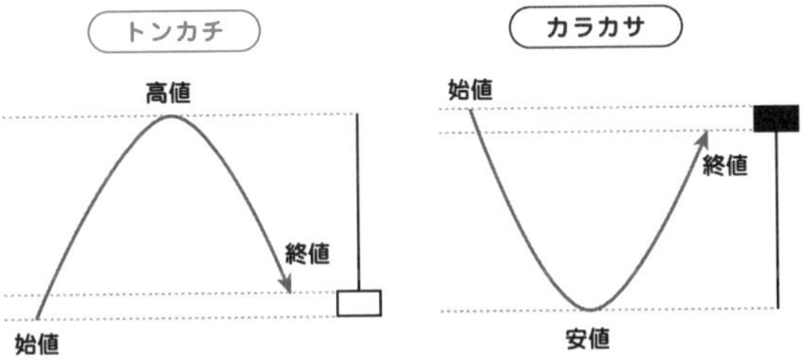 トンカチ（始値、高値、終値） カラカサ（始値、終値、安値）	トンカチ 上昇トレンドで天井圏に出現 →下降トレンドに転換 カラカサ 下降トレンドで底値圏に出現 →上昇トレンドに転換
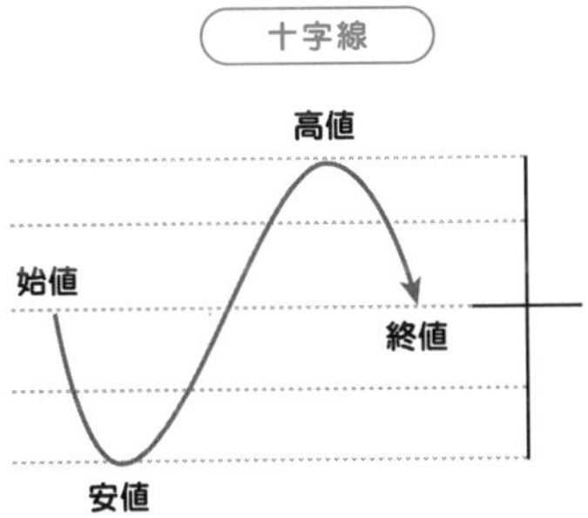 十字線（高値、始値、終値、安値）	上昇トレンドで天井圏に出現 →下降トレンドに転換 下降トレンドで底値圏に出現 →上昇トレンドに転換

トレンド転換を示唆するチャートパターン

ローソク足の形状ではなく、為替レートの推移を示すチャートに何か特定のパターンはあるのでしょうか？

はい。それがチャートパターンと呼ばれるものです。チャートパターンを覚えれば、今後の値動きを予想することができるにようになります。

■ヘッドアンドショルダートップ（三尊）

最初のチャートパターンは「**ヘッドアンドショルダートップ**」で、**上昇トレンドから下降トレンドへ転換する際によく発生する形**です。

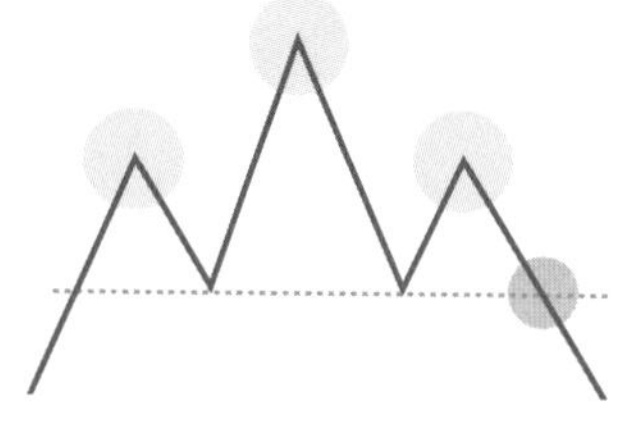

真ん中に頭となる大きな山があり、その両側に肩となる小さな山が2つある形で、**三尊**（さんぞん）とも呼ばれます。

チャートでこの形を見つけたら、どこで売りを狙えばいいでしょうか？

ネックラインを下に抜けてヘッドアンドショルダートップが完成するので、その瞬間を狙うかその前に狙うかですね。

ネックラインとはなんでしょうか？

■ヘッドアンドショルダーのネックライン

ネックラインとは、**頭と左肩の間の安値、頭と右肩の間の安値を結んだ線**のことを言います。そして、売買ポイントはネックラインを下に抜けた売1か、ヘッドアンドショルダートップの完成を事前に予想して仕掛ける売2となります。

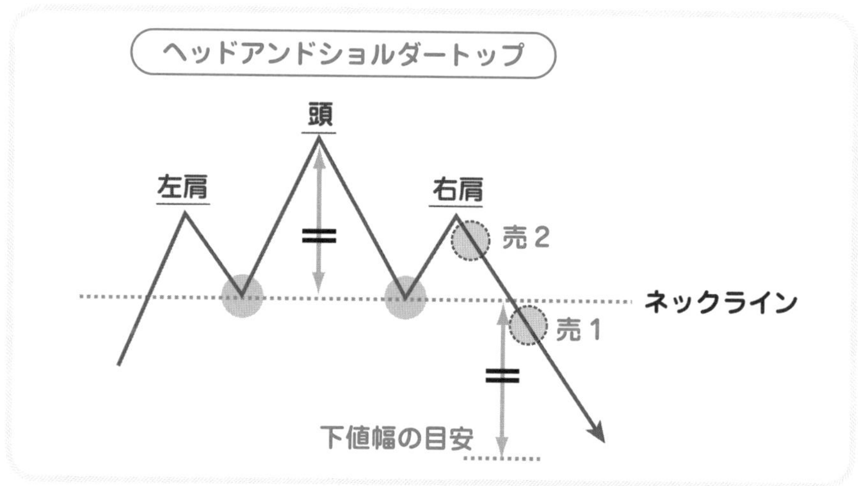

売1はヘッドアンドショルダートップの**完成後にエントリー**するので、ダマしになるリスクは少ないですが、その分だけ手にできる**利益も少なく**なります。

売2はより早いタイミングでエントリーできているので**大きな利益**を得られる反面、**ダマしのリスク**もあります。

どちらも一長一短がありますので、ご自身がどれだけリスクを取れるかなど、性格に合ったポイントを選びましょう。

また、ネックラインを下に抜けると、**ネックラインから頭までの幅が次の下落幅の目安**となります。

もちろん、下落幅はあくまで目安なので、それ以上に下落する時もあれば、逆にトレンド転換が起きない場合もあります。

■ヘッドアンドショルダーボトム

ヘッドアンドショルダートップに対して、**下降トレンドから上昇トレンドへ転換する際によく発生する形**が「**ヘッドアンドショルダーボトム**」です。ヘッドアンドショルダートップを逆さまにした形であり、頭と両肩の間の2つの高値を結んだネックラインを上に抜けて完成です。

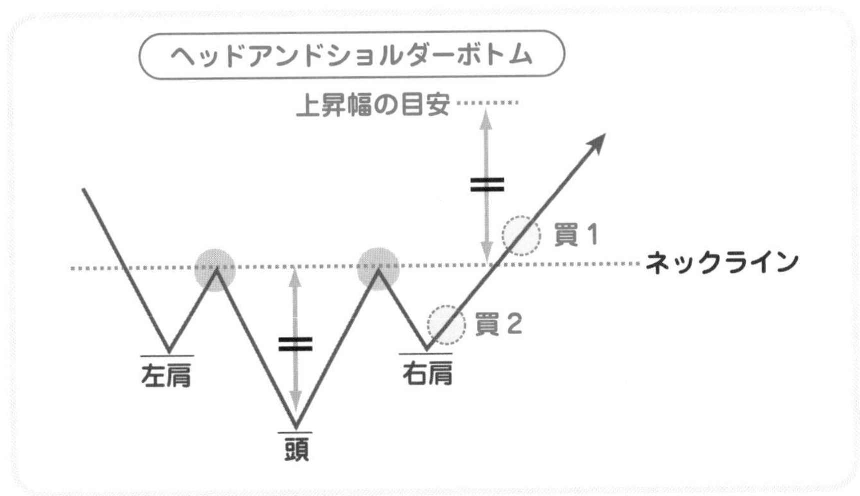

売買ポイントはネックラインを上に抜けた**買1**か、ヘッドアンドショルダーボトムの完成を事前に予想して仕掛ける**買2**となります。

また、ネックラインを上に抜けると、ネックラインから頭までの幅が次の上昇幅の目安となります。

■高値圏と安値圏での完成が反転パターンの条件

反転パターンが完成したら、トレンド転換になると考えていいですか？

だめです！　形だけを見るのではなく、その前のトレンド状況や位置も確認しましょう。

ヘッドアンドショルダーや、この後で解説する他の反転パターンもそうですが、**安値圏や高値圏で完成することが条件**となります。

反転パターンを覚えると、パターンの位置や直前のトレンド状況を見ないで反転パターンだと思う人が多いですが、これは間違っています。

例えば、ヘッドアンドショルダートップで**パターン１**の箇所は、直前のトレンドが上昇トレンドであり、かつ**高値圏で発生**しているので正しいヘッドアンドショルダートップであるとみなせます。

一方、パターン２とパターン３はどうでしょうか？

パターン２と３は、高値圏ではなく、それに加えて直前のトレンドが下降トレンドなので、形はヘッドアンドショルダートップでも、**トレンド転換を示唆するヘッドアンドショルダーとは全く異質**のものと言えます。

そもそも、ヘッドアンドショルダーは上昇トレンドから下降トレンドへの転換を示すものであり、直前のトレンドが下降トレンドであれば、何を示すのかよく分かりませんし、トレード判断にも使用できません。

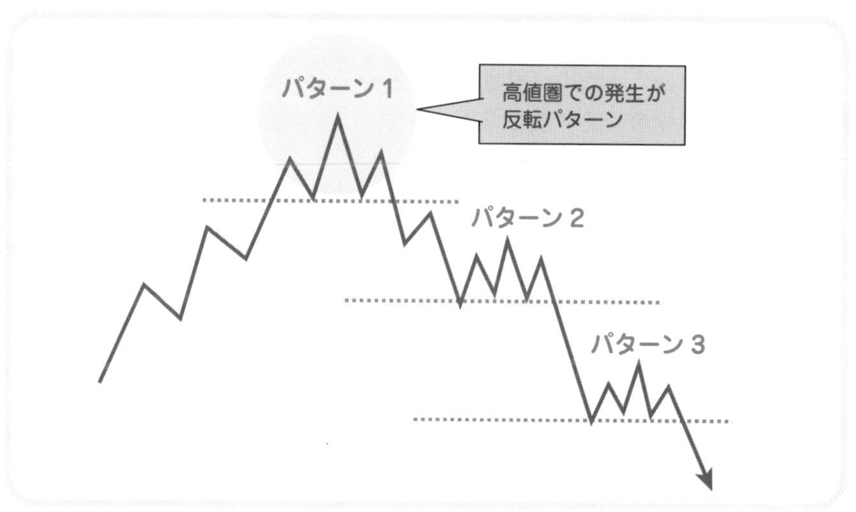

反転パターンは形だけではなく、発生する位置も大切なのですね？

その通りです。反転パターンを見つけたら、高値圏か安値圏かは常に意識するようにしましょう。

■トリプルトップとトリプルボトム

ヘッドアンドショルダー以外では、どんな反転パターンがありますか？

トレンド転換を示唆する代表的な形が、「トリプルトップ（ボトム）」と「ダブルトップ（ボトム）」です。

トリプルトップ（ボトム）は**頭が３つあるチャートの形**で、頭同士の安値（または高値）を結んだ**ネックラインを抜けて完成**となります。

２度上昇（下落）を試みたものの、最初の頭を更新できず、買い勢力と売り勢力の構図が逆転して下落（上昇）に転じるのです。

売買ポイントは、ヘッドアンドショルダーと考え方は同じであり、反転パターン完成を事前に予想して**積極的に仕掛けるなら売１・買１**、より慎重に行くならば**完成後の売２・買２**となります。

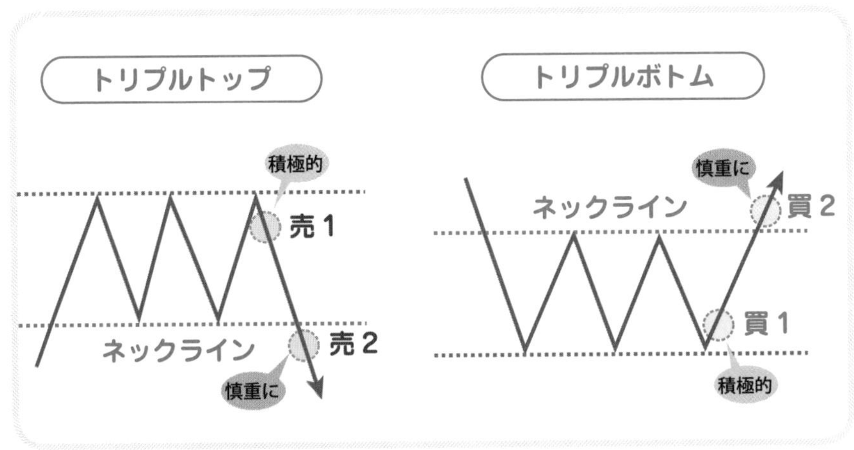

■ダブルトップとダブルボトム

トリプルトップ・ボトムと似たような形で、今度は頭が２つになるのがダブルトップ（ボトム）です。

反転（頭の数）が少ない分、**ダブルトップは弱いトレンド転換のサイン**となります。

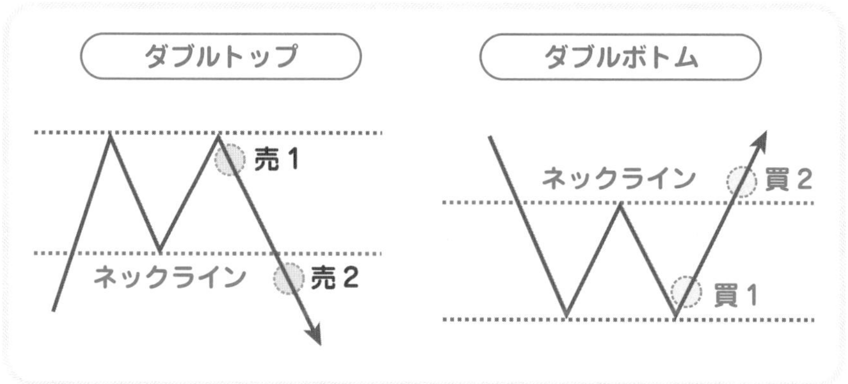

反転パターンの優先度は、ヘッドアンドショルダーが最も信頼性が高く、次がトリプルトップ（ボトム）、その次がダブルトップ（ボトム）となります。

■ソーサートップとソーサーボトム

ここからは稀に発生しますが、見つけるとヘッドアンドショルダーなどと同じように反転する可能性が高いパターンを紹介します。

まずは、**ソーサートップ**と**ソーサーボトム**です。ソーサーは「**お皿**」を意味し、**高値圏・安値圏で現れたとき**にトレンド転換を示唆するチャートパターンとなります。

ソーサートップは、緩やかに上昇する中で、目立った上げもなく次第に横向きのもみ合いが続き、安値を徐々に切り下げていき、最後に大きく下落します。そして、プラットフォームと呼ばれる保ち合いを形成してネックラインを割ると完成です。

ソーサーボトムも同様にソーサートップを逆にした形となります。

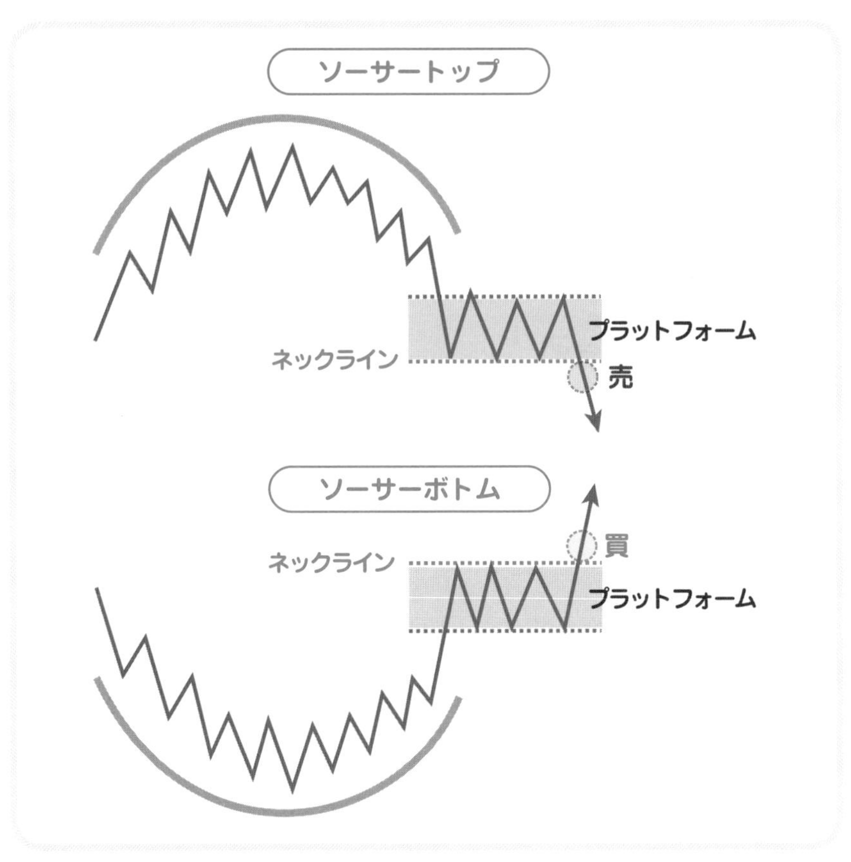

■スパイクトップとスパイクボトム

スパイクトップ（ボトム）は、日本語で「**V字トップ（ボトム）**」と呼ばれるものです。

その名の通り、トレンド転換時に何らチャートの特徴や節目が見つからず、**急激にトレンド転換**するのがこの形です。

背景に、**ファンダメンタルズの新たなニュースが出た時や、一方に偏ったポジション解消が急激に進んだ時に発生**します。

実際のトレードでは、スパイクトップ（ボトム）を判断して**逆張りするのはリスクも高い**ので、無理に取引するよりも**静観するのが望ましい**と言えます。

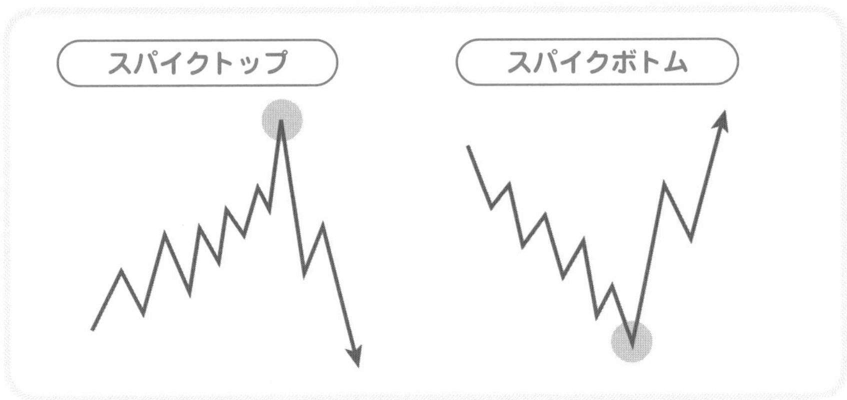

■カップウィズハンドル

最後に取り挙げる反転パターンは、**底値圏で発生し上昇トレンドへ転換**する**カップウィズハンドル**です。

チャートの形状がコーヒーカップに似ていることから、このように名づけられています。

カップウィズハンドルは、下落トレンドから上昇トレンドへの転換だけでなく、上昇トレンドの最中に発生して更に上昇を目指す場面でも発生します。

最初に高値の上抜けを試すも失敗し、その後、再度トライして上抜けした時点でパターンの完成で**買いのポイント**となります。

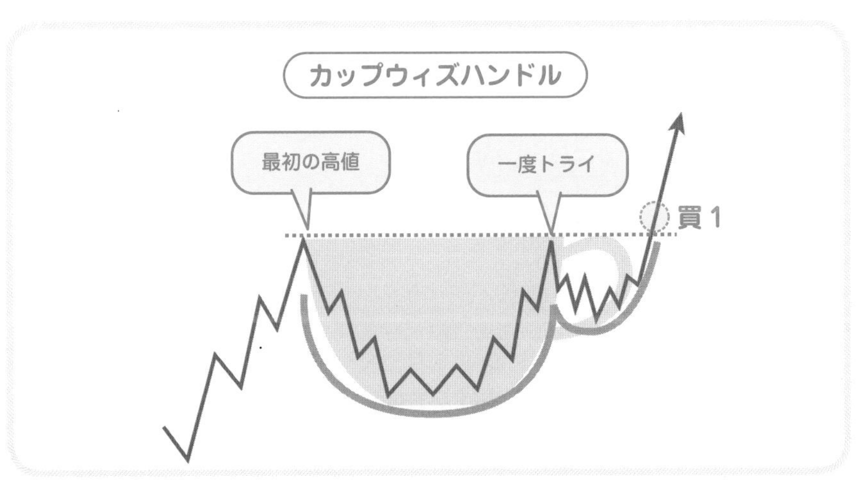

トレンド継続を示唆するチャートパターン

チャートパターンにはトレンド転換ではなく、トレンドが継続することを示唆するパターンもありますか？

そうですね。代表的なものに三角保ち合いと呼ばれるパターンがあります。

■三角保ち合い

「**三角保ち合い**」はその名の通り、チャートが高値と高値、安値と安値を結ぶと三角形になっているのが特徴です。

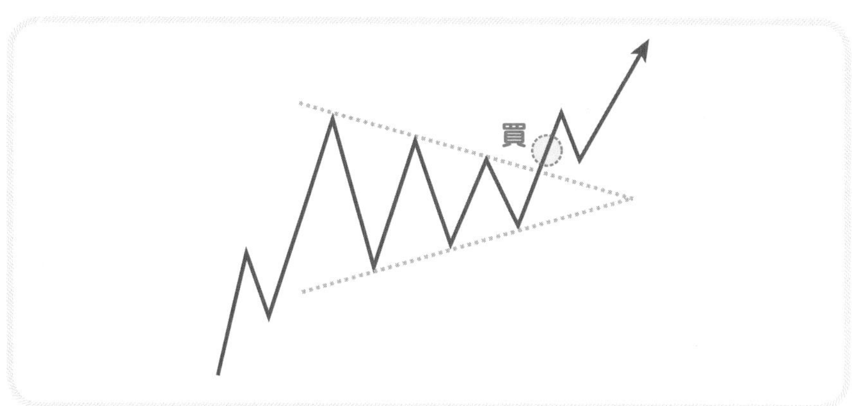

為替レートの値動きが徐々に小さくなっていき、最終的に**上か下のどちらかのラインを抜けて完成**です。**抜けた方向にトレンドが出る**可能性が高いので、その方向へ取引を始めます。

高値と高値、安値と安値を斜めに引く線をトレンドラインと呼び、158ページで解説します。抜けた方向へトレンドが出るので上へ抜ければ買い、下に抜ければ売りをします。

とってもシンプルで分かりやすいですね。

■三角保ち合いの種類と特徴

三角保ち合いにも3つ種類があり、それぞれ意味するところが違います。

- **シンメトリカル（対称三角形）　：前のトレンド継続**
- **アセンディング（上昇三角形）　：上昇トレンド継続**
- **ディセンディング（下降三角形）：下降トレンド継続**

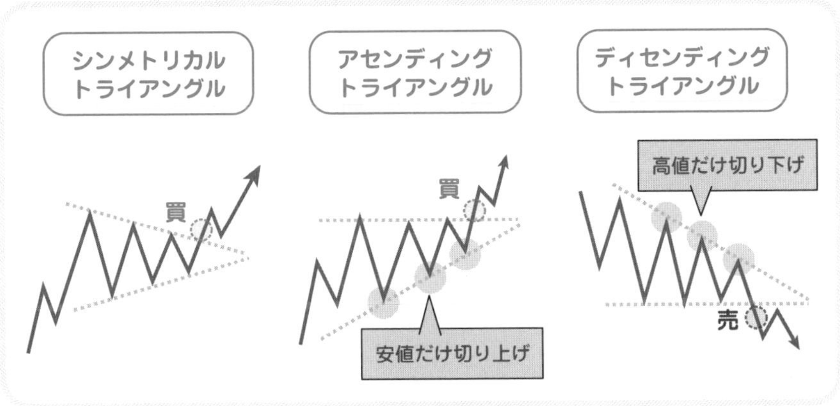

シンメトリカルは、上値は切り下がり、安値は切り上がる形で、**前のトレンド継続**を示唆します。つまり、上昇トレンドなら上昇トレンド継続、下降トレンドなら下降トレンド継続です。

アセンディングは、**安値のみ切り上げる強気の形**で、上昇トレンドの一時休止で発生し、上昇トレンド継続を示唆します。

ディセンディングは、**高値のみ切り下げる弱気の形**で、下降トレンドの一時休止で発生し、下降トレンド継続を示唆します。

ただし、上記を知らなくともそれぞれの売買ポイントは、**三角保ち合いを抜けた時点がエントリータイミング**となりますので、その点は最低限押さえておきましょう。

■ペナント・フラッグ・ウェッジ

三角保ち合いと似たような形が「**ペナント**」です。形自体はシンメトリカルトライアングルと同じですが、**より短期の時間足で発生し、小型の三角保ち合い**と定義されます。その形が示唆する性質も、前の**トレンド継続**となります。

また、「**フラッグ**」と「**ウェッジ**」も、ペナントの親戚のようなもので、前のトレンドの継続を示唆し、それぞれ形は次図のようになります。

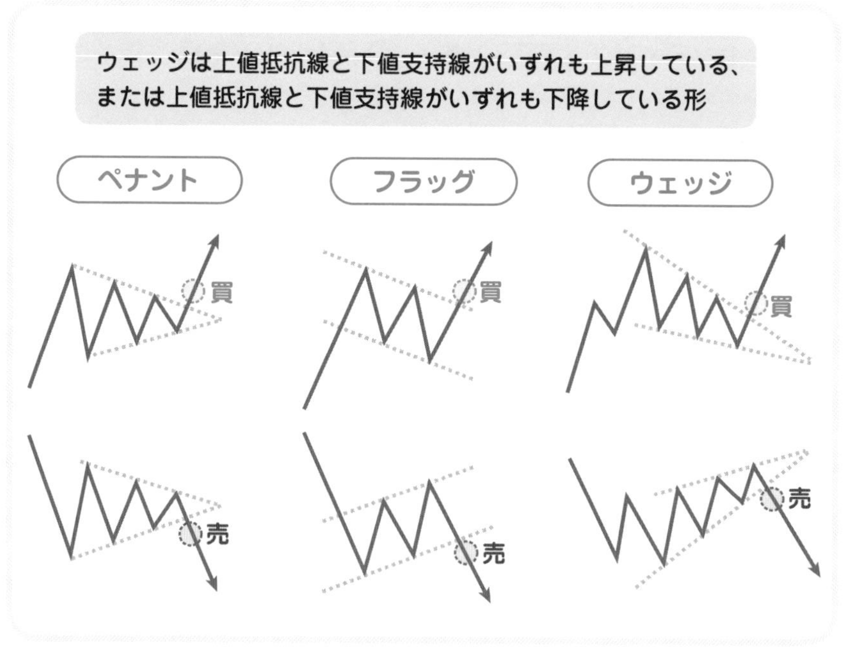

■ボックス

最後に取り挙げるのは「**ボックス**」です。ボックスは**高値と高値、安値と安値を水平に結んだ2本の線**（水平線、164ページで学習）で囲まれた領域で上下するパターンであり、**どちらかの線を抜けた時点で完成**です。

抜けた方向へトレンドが出る性質は三角保ち合いと同じで、下に抜ければ売り、上に抜ければ買いの取引をします。

また、ボックスが発生する際は、前と同じトレンド方向へトレンドが発生することも特徴の1つです。

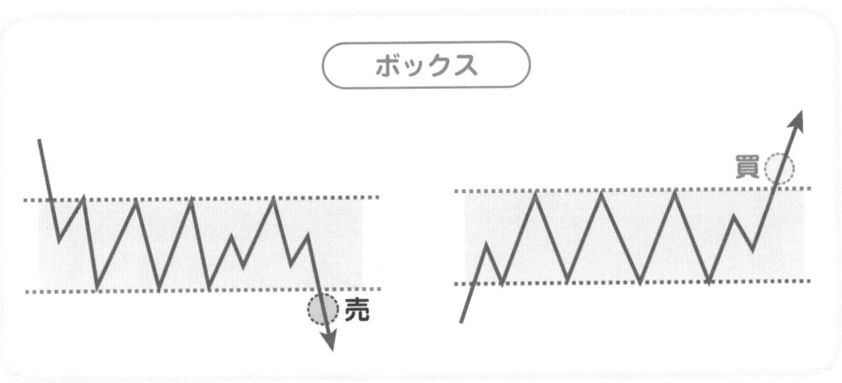

今回説明したチャートパターンは、完成したら「100%」予想通りに動くわけではありません。
そもそも、相場の世界に「絶対」や「必ず」はありません。あくまで可能性が高いのであって、予想と異なる動きになったら、早い段階で損切りをすることが必要です。

POINT トレンド継続を示唆する三角保ち合い

チャートパターンには、ヘッドアンドショルダーのような**トレンド転換を示唆するパターン**と、三角保ち合いのような**トレンド継続を示唆するパターン**の2種類があります。それぞれの特徴をしっかりと把握して、トレードに活かしていきましょう。

Column　私が運営しているFX学習サイトのご紹介

私が監修しているFX学習サイト「FXメガバンク」では、記事に加えて動画でもFXについて解説しています。
当サイトは広告費から成り立っているので、読者様は全て無料でご利用頂けます。
書籍を一通り読み終えた後、「FXメガバンク」の記事と合わせて学習頂くことで、より効果的にFXの勉強を進めていくことができますので、是非、ご活用ください。

FXメガバンク 元メガバンク為替ディーラーが教えるFX初心者講座

https://fx-megabank.com/

「FXメガバンク」で検索下さい！

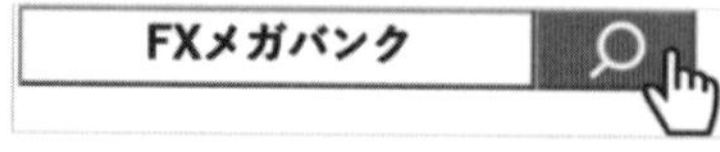

FXで稼ぐプロの実践テクニック8選

5日目は、テクニカル分析を使って具体的にFXでトレードする手法について解説をしていきます。いつ買えばいいのか、売ればいいのかのタイミングが分かれば、FXで利益を上げることができますよ！

トレンドラインを引いてトレンドを把握しよう

今が上昇している方向なのか、下降している方向なのかが簡単にわかるには、どんな方法がありますか？

いくつか方法はありますが、最もシンプルなのがチャートに自分で斜めの線（ライン）を引く方法です。この斜め線をトレンドラインと言います。

■上昇トレンドのトレンドラインを引く

チャートを見ると相場はジグザグで一見ランダムに動いているように見えますが、実際は**「上昇」「水平」「下降」のいずれかの方向性**をもっています。

斜め上方向へ引ける線が、**上昇トレンドライン**です。チャートの**安値**を2点（始点と1点目）で結ぶことで、上昇トレンドラインを引くことができます。

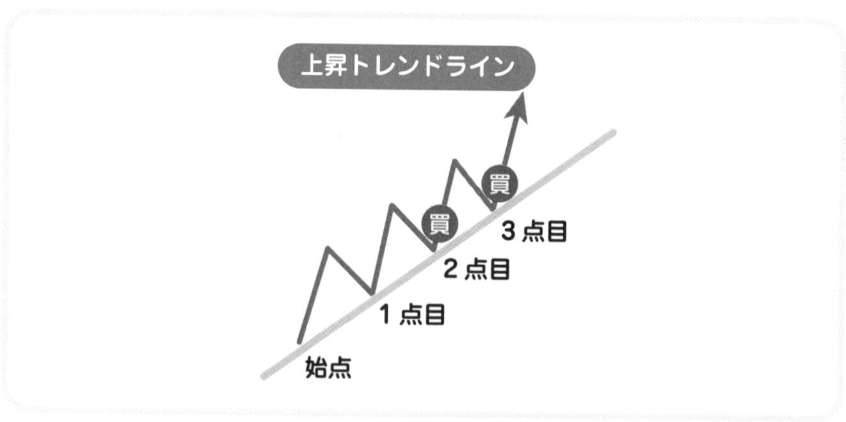

上昇トレンドラインが一度引けると、再びレートが上昇トレンドライン上まで下がった時に**反発する可能性が高いため、買いのエントリーポイント**となります。

上昇トレンドラインより**上にレート**があれば、今後も**上昇トレンドが続く可能性**がありますし、逆に上昇トレンドラインを**下に割り込む**と、上昇トレンドが弱まり**トレンド終了の可能性**が高くなります。

■下降トレンドのトレンドラインを引く

斜め下方向へ引ける線が、**下降トレンドライン**です。

チャートの**高値**を2点（始点と1点目）結んで引き、同じように下降トレンドラインまでレートが上昇したら、**反落する可能性があるため売りのエントリーポイント**となります。

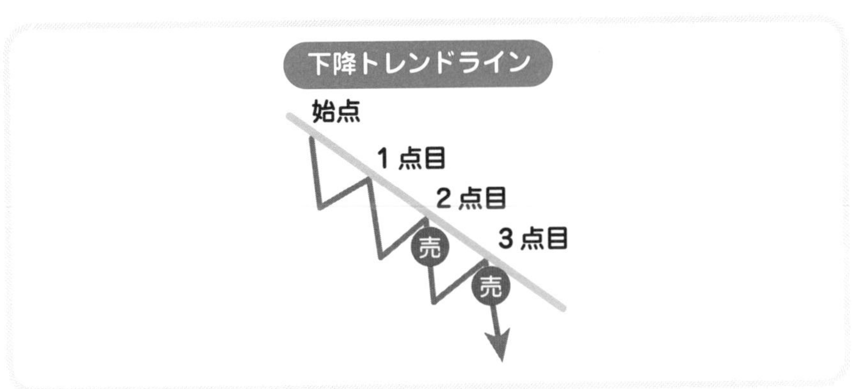

■正しいトレンドラインの引き方を学ぼう

とても簡単に引けるトレンドラインですが、単に高値と高値、安値と安値を斜めに結べば、全てが有効なトレンドラインというわけではありません。トレンドラインの引き方にも1点、注意点があります。

それは、**トレンドラインは1点目を付ける前の高値（または安値）の更新を確認して、はじめて始点と1点目を結んで引くことができる**という点です。

図を使って解説します。

まず、上昇トレンドの場合、**1点目の前の直近高値を上抜けていない場合、**

まだ上昇トレンドラインを引いてはいけません（次図の左）。

その後、**直近高値を更新してはじめて**始点と1点目を結んで上昇トレンドラインを引くことができます。

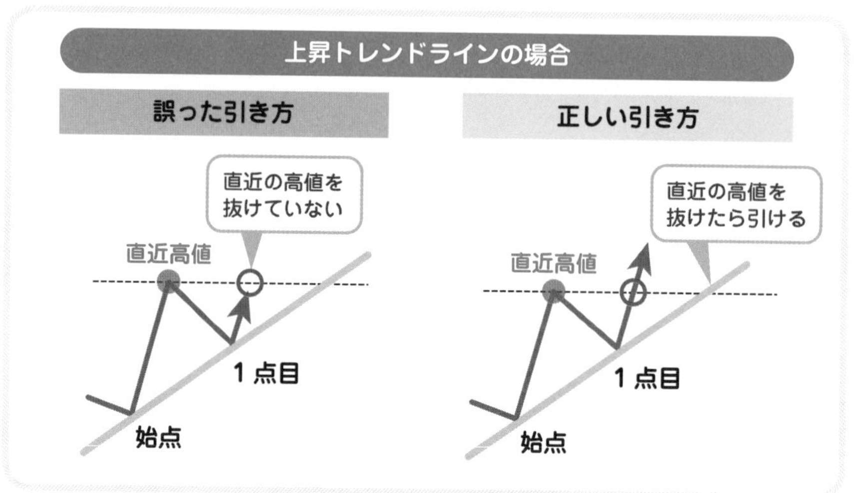

下降トレンドラインの場合もまったく同様です。

1点目の前の直近安値を下抜けていない場合、まだ下降トレンドラインを引いてはいけません。

直近安値を下に抜けてはじめて下降トレンドラインを引くことができるのです。

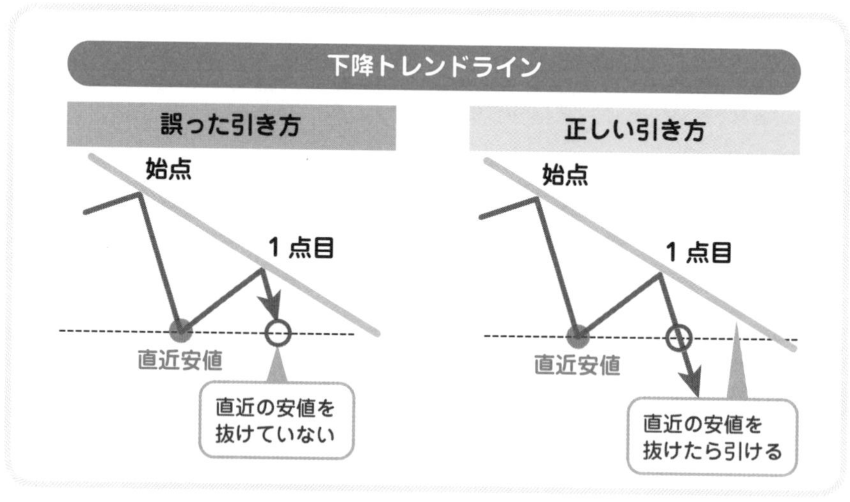

どうしてそんなルールがあるのでしょうか？

テクニカル分析の元祖となるダウ理論では、上昇トレンドは『高値と安値の切り上げ』、下降トレンドは『高値と安値の切り下げ』ではじめて認識できるとされているからです。
直近高値の切り上げ前に上昇トレンドラインを引いてしまうと、まだ上昇トレンドではない時にトレンドラインを引いてしまうことになるのです。

上昇トレンドではない状態の時に、上昇トレンドラインを引くのは早すぎるということですね？

そうです！　見かけ上は上昇トレンドラインですが、それは何の効力も持たないただの線です。

■トレンドライン抜けでエントリーは避けましょう

トレンドラインを学ぶと、必ずと言っていいほど、**トレンドラインを抜けた瞬間にトレンド転換だと勘違いしてエントリー**をする人がいますが、これは誤りです。

トレンドラインを抜けた時点ではまだトレンド転換は起きておらず、あくまでトレンドが**弱まっていることを示している**に過ぎません。

次図のように下降トレンドラインを上に抜けた瞬間での買いは避けましょう。

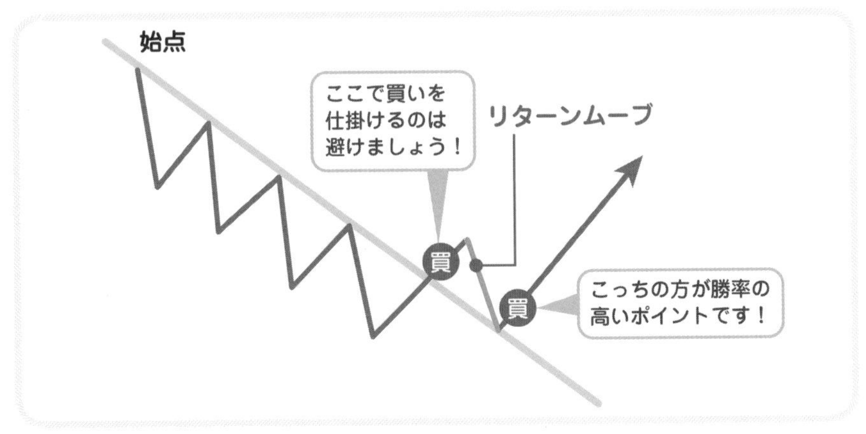

もし買いを狙うのであれば、上昇トレンドラインを一度抜けた後に、再び上昇トレンドラインにレートが戻る「**リターンムーブ**」を確認し、その後の**反転（第二波）で買いを狙う方が有効**です。

■実際にチャートにトレンドラインを引いてみよう

実際にチャートにトレンドラインを引いて確認してみましょう。次図のチャートは、始点と1点目を結んで下降トレンドラインが引けています。解説した通り、**1点目の前の直近安値も下抜けており**、正しい引き方ができています。

一度下降トレンドラインが引けてしまえば、あとは、下降トレンドラインに再びレートが近づき**反落した箇所が売りのエントリーポイント**となります。

下降トレンドラインを上に抜けた時点では、まだトレンド転換かどうかは判断できません。

上のチャートではその後に上昇トレンドに転じていますが、場合によっては**引き続き下降トレンドが続く可能性もあります**。

買いを狙う場合は、下降トレンドラインを上に抜け、**リターンムーブ後の第二波**でエントリーを狙いましょう。

POINT

チャートに斜めに引ける線がトレンドラインで、**トレンドライン上の反転箇所がエントリーポイント**になります。トレンドラインを引く際は、**1点目の前の高値または安値の更新を確認してから引く**ようにしましょう。

水平線を引いて反転するポイントを予想しよう

今が上昇トレンドの場合、このトレンドがいつまで続くのか予想する方法はあるのでしょうか？
反転するポイントを事前に知ることができたら、勝率もかなり上がりそうです……

チャートで水平に線を引くレジスタンスラインとサポートラインが引けたら、反転しそうなポイントを把握することができますよ！　こちらも簡単に引けるので習得しましょう。

■水平線の引き方と意味とは

水平線はその名の通りチャート上へ水平方向に引く線のことです。

安値と安値を結んで現在レートよりも下に引く線を「**サポートライン（支持線）**」と呼び、レートの下落を下支えする水準となります。

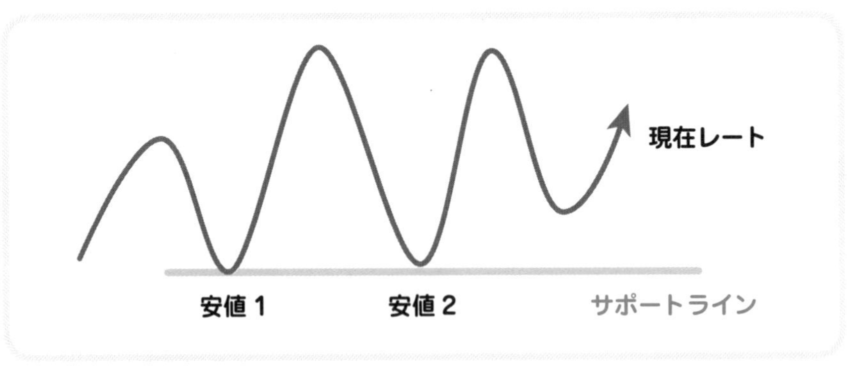

一方で、**高値と高値を結んで**現在レートよりも上に引く線を「**レジスタン**

スライン（抵抗線）」と呼び、レートの上昇を妨げる壁の水準となります。

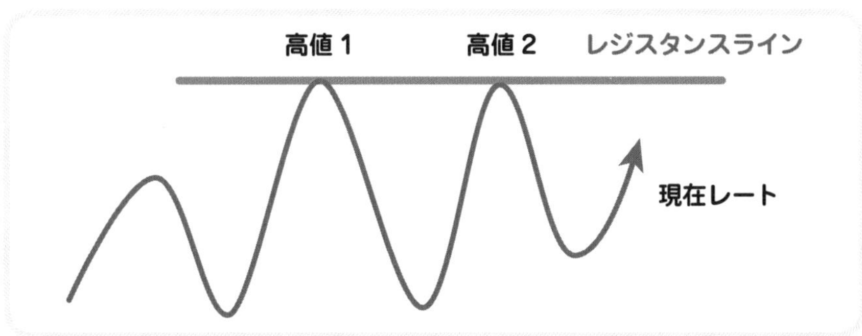

■水平線の機能は逆転する

水平線は一度引けると、その水準で**レートの反転を予想**したり、抜けた場合に**トレンドの加速を予想**したりすることができます。

一度水平線を引けてしまえば、それだけで有利にトレードを行うことができるのです。

また、**水平線は抜けた後も機能を持ち**続けます。

例えば、最初にレジスタンスラインが引けており、その後、レートがレジスタンスラインを上抜けすると、今度はその水平線はサポートラインとしてレートを下支えする水準となります。

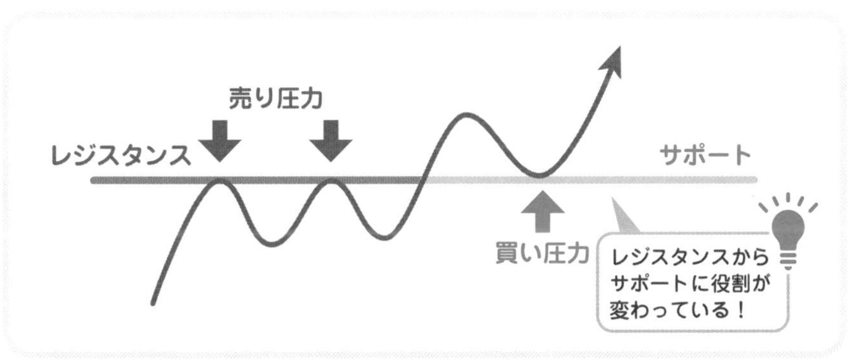

このように水平線には抜けた後に**役割が逆転**する機能があり、水平線の「**レジサポ転換**」と言います。

■水平線を使ったエントリーポイント

水平線が引けると、レートがその水準に近づいた際に反転する可能性が高いため、「**新規エントリー**（❶）」と「**利益確定**（❷）」の判断ポイントとなります。

また、水平線の反転で新規エントリーしたものの、レートが反対方向へ動いてしまい水平線を抜けてしまえば、「**損切り**（❸）」をするタイミングとなります。

水平線を抜けた後もまだチャンスがあります。それは、レジサポ転換後の「**第二波で新規エントリー**（❹）」です。

水平線の使い方

❶ ライン上での反転をとらえて新規エントリー
❷ ライン上に達したら利益確定の決済
❸ ラインを反対に抜けたら損切りの決済
❹ レジサポ転換後の第二波で新規エントリー

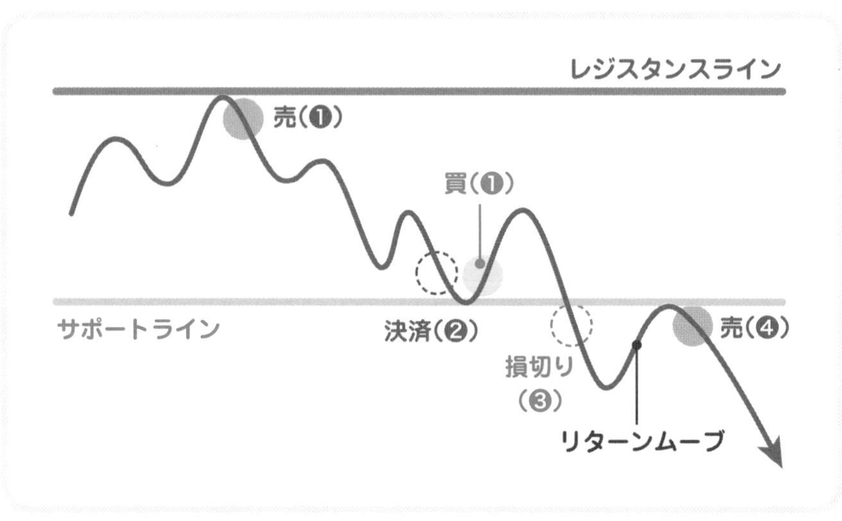

水平線を抜けた瞬間にエントリーする方法はダメでしょうか？　サポートラインを下にブレイクした瞬間に売りでエントリーするやり方です。

ブレイクしたと思っても、実はダマしで再びレートが上昇するケースもあるのでおすすめはしません。トレンドラインの時と同じですが、ラインブレイクの第一波は様子見して、リターンムーブ後の第二波を狙う方が勝率は高くなりますよ。

■水平線が機能する理由を理解しよう

そもそも**どうして水平線でレートが反転するのでしょうか？**

その裏には**マーケットの大衆心理**が隠れていますので、水平線が引ける背景まで理解し、自信をもって水平線を使っていきましょう。

サポートラインで反転する理由

まず、サポートラインでレートが反発する理由から見ていきましょう。水平線は利益確定の目安に使えると説明しましたが、サポートラインが引けると、**売り建玉を保有している投資家**がサポートライン近くで**利益確定**を行います。

つまり、売りの決済なので、**買いの取引が発生**するわけです。

加えて、サポートラインでレートが反発すると考える投資家も、新たに**買いの新規エントリー**を行います。

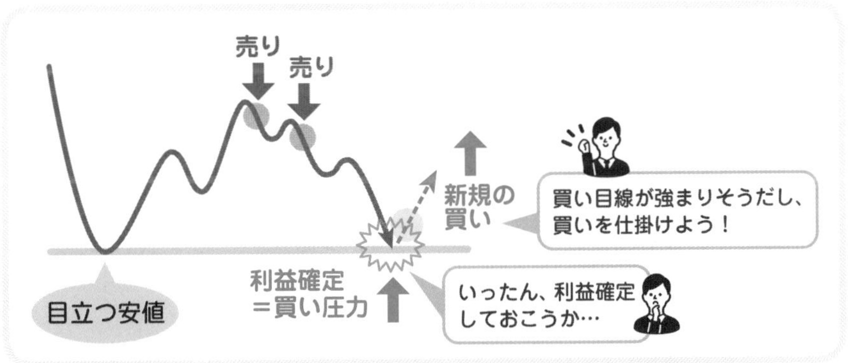

なので、サポートラインでは「**利益確定の買い**」と「**新規エントリーの買い**」の2つの取引が発生する可能性が高く、レートが反転しやすいのです。

サポートラインで反転する理由

❶ **売り建玉の投資家が利益確定の買い決済**
❷ **反転を狙って新規の買い注文**

レジスタンスラインで反転する理由

レジスタンスラインでレートが反落する理由も同じように考えることができます。

買い建玉を保有している投資家がレジスタンスライン付近で「**利益確定の売り**」を行います。

それに加えて、レジスタンスラインでの反落を狙って「**新規の売りエントリー**」を行う投資家もおり、これら2つの売り圧力によって、レジスタンスライン付近ではレートが反転しやすくなるのです。

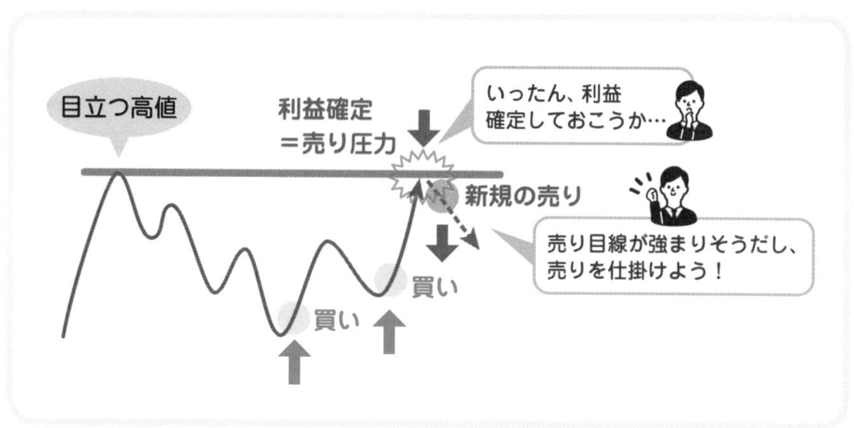

サポートラインで反転する理由

❶ **買い建玉の投資家が利益確定の売り決済**
❷ **反転を狙って新規の売り注文**

■実際にチャートに水平線を引いてみよう

実際にチャートに水平線を引いて確認してみましょう。

次図のチャートでは、高値1と高値2を結んで「**レジスタンスライン**」、安値1と安値2を結んで「**サポートライン**」が引けています。

それぞれのラインを使って、レジスタンスラインでの反転で売り、サポートラインの反転で買いのエントリーを行うことができます。

POINT

水平線はチャートへ水平方向に引く線で、現在レートよりも上に引けるのが**レジスタンスライン**、下に引けるのが**サポートライン**です。水平線にレートが近づくと反転する可能性が高いため、新規エントリーや利益確定のポイントに定めることができます。

チャネルラインは利益確定の目安に使おう

トレンドラインでエントリーした時に、水平線が引けている場合は、そこが利益確定のポイントになることが分かりました。それ以外で、何か利益確定のタイミングを測る方法はありますか？

トレンドラインと平行に引くチャネルラインも、トレンドラインと相性の良いテクニカル分析の1つです。

■トレンドラインと平行にもう1本引く

チャネルラインは、トレンドラインと平行にもう1本ラインを引く線のことです。

上昇トレンドラインと平行に引く線を「**上昇チャネルライン**」、下降トレンドラインと平行に引く線を「**下降チャネルライン**」と呼びます。

上昇チャネルラインの場合

例えば、始点と1点目の間の高値1をレートが更新した段階で上昇トレンドラインが引けますが、その後に、上昇トレンドラインを平行に移動して**高値1と高値2を結んでチャネルライン**が引ける場合があります。

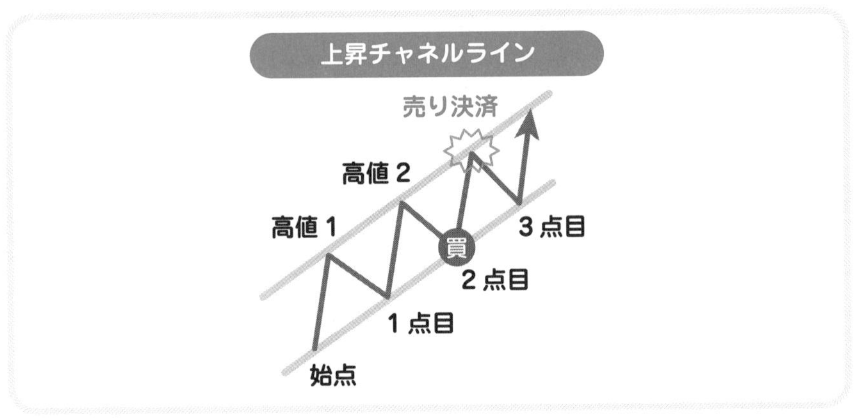

　すると、上昇トレンドラインの**２点目で買いエントリー**を行い、**上昇チャネルラインに達したタイミングで利益確定の売り決済**を狙うことができます。

　もちろん、上昇チャネルラインは必ず引けるわけではありませんので、引けたら「高勝率のトレードが狙えてラッキー」のように考えましょう。

下降チャネルラインの場合

　下降チャネルラインの場合も同様です。

　始点と1点目の間の安値1をレートが更新した時点で下降トレンドラインを引くことができ、平行に移動して**安値１と安値２を結んだ線が下降チャネルライン**です。

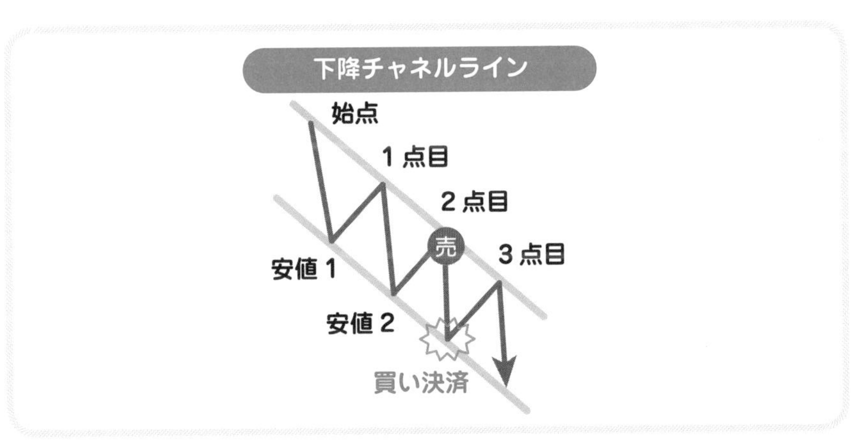

こちらも、**2点目で売りエントリー**を行い、**下降チャネルラインに達した時点で利益確定**を狙えば、高勝率のトレードとなります。

例えば、下降チャネルラインの上側で新規売り、下側でも新規買いをすれば、かなり稼げそうですけど、どうでしょうか？

トレードの基本にトレンドに逆らわず、トレンド方向に沿ってエントリーするという原則があります。
下降チャネルラインの場合は新規で売りのみ可能、上昇チャネルラインは新規で買いのみ可能と覚えておきましょう。欲を出してトレンドと反対に売買すると、大やけどを負いますよ

■チャネルラインを抜けたら新たなラインを引く

チャネルラインはかなり完成度が高いライン分析であり、チャネルラインを上に抜けたらそれで終了ではありません。

チャネルラインを抜けた後も、また新たなチャネルラインを引くことができます。

例えば、上昇チャネルラインを上に抜けた時に、更に1本平行にチャネルラインを引くことができます。引き方は、チャネル幅❶と同じ幅になるように引くのです。

今後、為替レートは追加された1番上のチャネルラインを目指して上昇する可能性が高いので、真ん中のチャネルラインで反転した時に**買いエントリー**し、上のラインに達したら利益確定の売り決済を行うことができます。

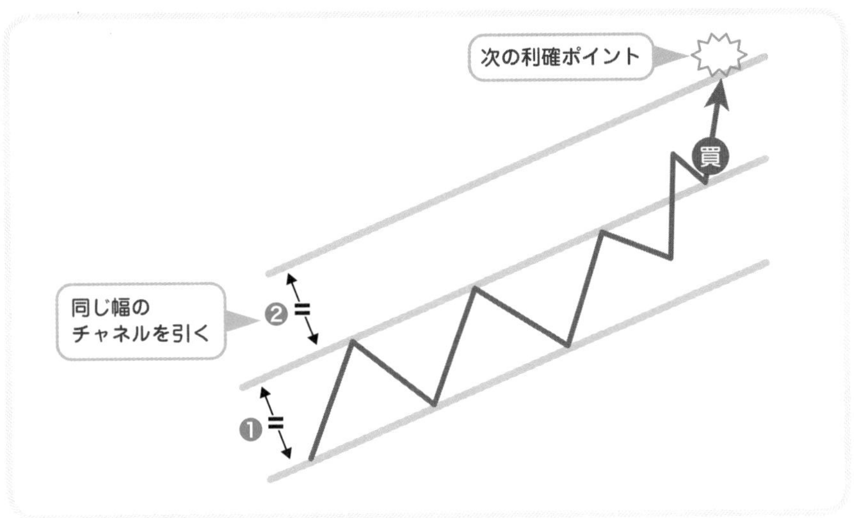

◆POINT◆

トレンドラインとセットで引きたいのが**チャネルライン**です。チャネルラインが引けると、利益確定の目安にすることができます。

チャネルラインを使ったトレードでは、**トレンド方向に沿ったエントリー**を行い、トレンドに逆らうエントリーは避けましょう。

最も有名なテクニカル分析「移動平均線」とは

トレンドを判断する時に、トレンドラインを引くことが有効であると分かりました。でも、トレンドラインは毎回必ず引けるわけではないですよね？　他にトレンドを把握する便利なテクニカル分析はないでしょうか？

それでは、「移動平均線」をいよいよ解説しましょう！　移動平均線は最も有名なテクニカル分析と言っても過言ではないですし、とっても使いやすいものです。

■移動平均線のしくみ

まずは、移動平均線が描かれたチャートを見ていきましょう。**ローソク足チャートの近くに寄り添うように動いている線**がありますよね。これが移動平均線です。

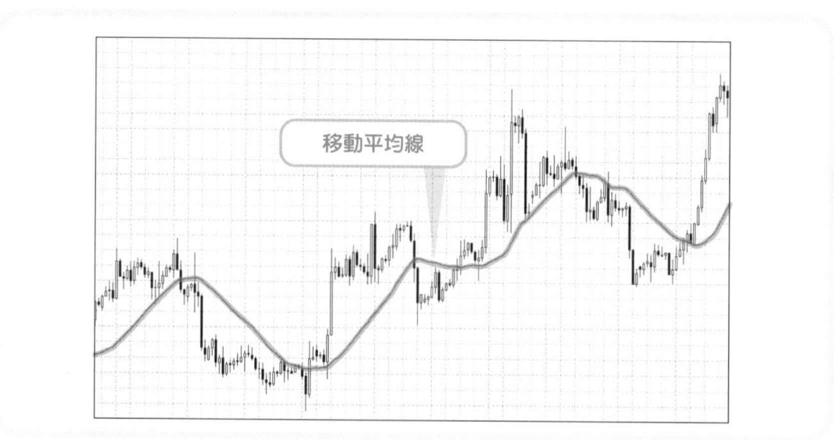

移動平均線のしくみは、**過去一定期間のレート（ローソク足の終値）を平均して線で結んで**描いたものです。英語では「**Moving Average(MA)**」と言います。

例えば、10日移動平均線であれば、「過去10日間の終値を足して10で割った平均値」が、10日目の移動平均線の値になっています。

最近のトピックだと、コロナ感染者の7日間の平均人数が前週と比較して……と報道されていますが、移動平均と同じ考え方です。

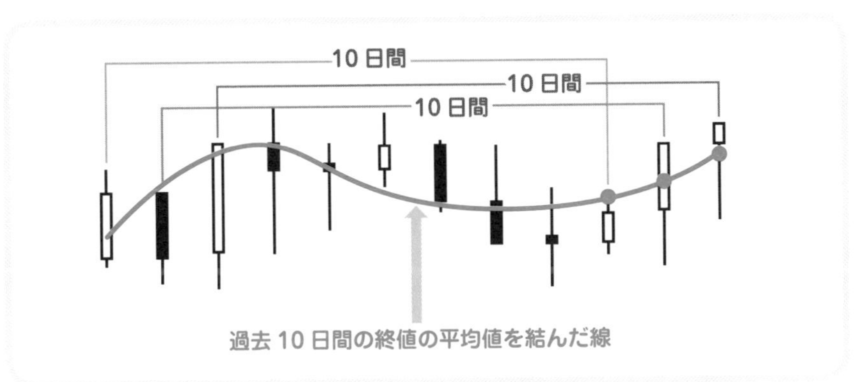

移動平均線は期間の設定によって、短期移動平均線、中期移動平均線、長期移動平均線の3種類に分けることができます。

期間が短い方が、**直近の値動きの影響を大きく受ける**ため、移動平均線も激しく動きます。

一方で、期間が長い方が、移動平均線は緩やかに動き、**長期的なトレンドを把握する**うえで役に立ちます。

移動平均線は期間の異なる複数の移動平均線を同時に使いますが、これは2つの移動平均線を使った手法が存在するためです（178ページ）。

移動平均線でどの期間に設定するのがいいの？

では、期間の設置値は何がいいのでしょうか？

結論から言えば、**「この設定値が一番いい」という答えはありません**。どの設定値の移動平均線を使っても、**適切な使い方をすればFXで利益を上げる**ことが可能だからです。

しかし、それでも一般的に使われる期間の目安はありますので、以下の設置値の中から選びましょう。

短期の移動平均線を設定するときは、15日、21日、25日のいずれかの期間の移動平均線の設定にします。

長期は200日だけです。

短期	15、21、25
中期	50、75，100
長期	200

■移動平均線の向きでトレンドが分かる

移動平均線をチャートに表示することで、**視覚的に現在のトレンドの方向が確認**できます。

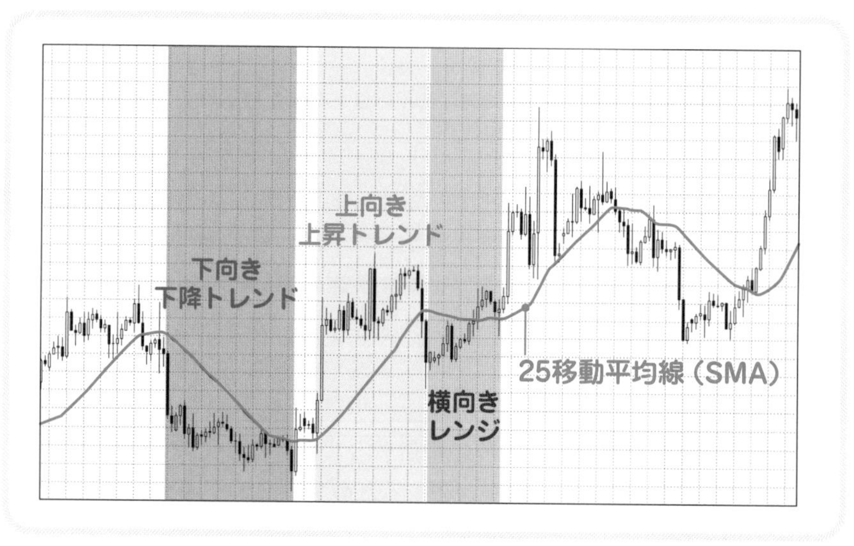

移動平均線の向きが**下向き**であれば、過去一定期間で買いたい人よりも売りたい人の方が多かったことを意味し、相場は**下降トレンド**であると認識できます。つまり、投資家が狙うべきは**売り方向**になります。

逆に、移動平均線の向きが**上向き**であれば、過去一定期間で売りたい人よりも買いたい人の方が多かったことを意味し、相場は**上昇トレンド**であると認識でき、投資家が狙うべきは**買い方向**になります。

最後に、移動平均線の向きが**横向き**であれば、過去一定期間は買いたい人と売りたい人のバランスが拮抗している状態であり、相場は**トレンドが無い**状態となります。

トレンドがないため、今後上昇するか、下落するかの判断はしづらく、投資家は**様子見**がベストな選択肢となります。

移動平均線の向きが急であれば、それだけトレンドが強いということでしょうか？

その通りです。為替レートが急に大きく上昇すると、その分だけ移動平均線も急角度で上昇します。なので、移動平均線は「向き」に加えて、「角度」を見ることも大切ですね。

POINT

移動平均線は過去一定期間の**終値の平均値を結んだ線**であり、現在の相場のトレンド状態を確認するのに役に立ちます。

また、期間の設定値により、短期・中期・長期の３つに分類でき、**複数の移動平均線を組み合わせて使うのが一般的**です。

ゴールデンクロスとデッドクロスを覚えよう

移動平均線のしくみと、方向でトレンドの認識ができると分かりました。でも、どうして複数の期間の移動平均線を使った方がいいのでしょう。1本の移動平均線では足りないですか？

移動平均線は最低でも2つの異なる期間を表示するのがおすすめです。なぜなら、移動平均線の交差（クロス）が、ゴールデンクロスとデッドクロスと言って、エントリーポイントのサインになるからです。

■ゴールデンクロス

ゴールデンクロスとは、短期移動平均線が長期移動平均線を**下から上へ抜ける**ことを言います。

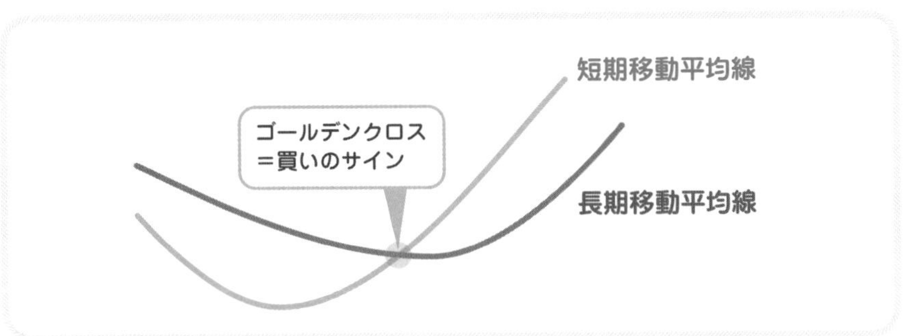

ゴールデンクロスは、下降トレンドから**上昇トレンドへの転換**の可能性を示すことから、**買いのシグナル**となります。

■デッドクロス

今度は逆に、短期移動平均線が長期移動平均線を**上から下へ抜ける**ことを**デッドクロス**と言います。デッドクロスは、上昇トレンドから**下降トレンドへの転換**の可能性を示すことから、**売りのシグナル**となります。

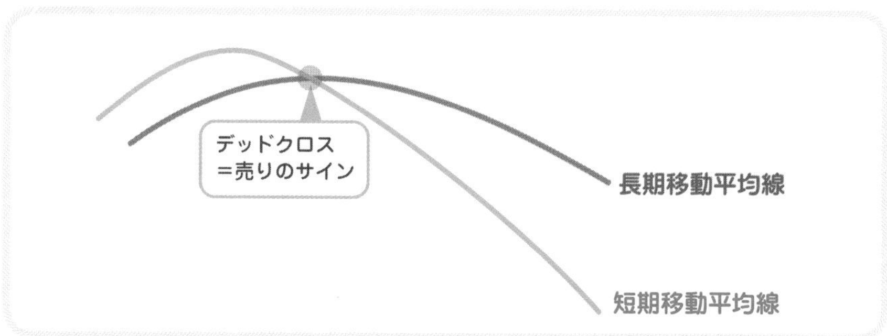

■実際のチャートで確認しよう

それでは実際のローソク足チャートに移動平均線を表示させて確認してみましょう。

Ⓐのポイントでは、短期移動平均線が長期移動平均線を下から上へ抜けており、**買いのサイン**となる**ゴールデンクロス**です。

Ⓐのポイントの前までは下降トレンドでしたが、買いたい人がだんだんと増えて移動平均線が下向きから横向きへと変化し、ゴールデンクロスが起きて**上昇トレンドへ転換**しています。

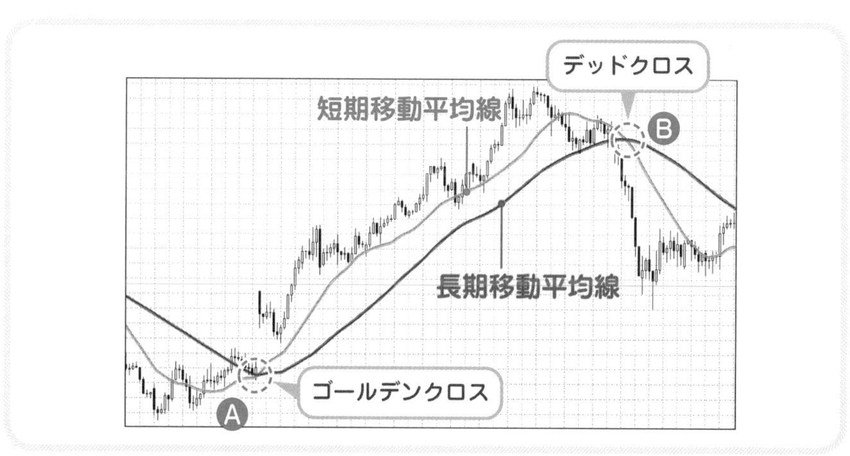

その後、上昇トレンドがしばらく続きましたが、買いの勢いも少しずつ弱まり、移動平均線の向きも横向きなっています。

そして、Bのポイントでついに短期移動平均線が長期移動平均線を下抜け、**売りのシグナル**となる**デッドクロス**が発生しています。

ゴールデンクロスとデッドクロスを覚えるだけでも、FXで利益があげられそうですね！

はい！基本中の基本ですが、プロも皆、移動平均線を使います。ただし、ゴールデン（デッド）クロスはダマしも多いので、ライン分析や、この後に解説するグランビルの法則と組み合わせて使うようにしましょう！

■3種類の移動平均線

豆知識として、実は移動平均線には3つの種類が存在します。

❶ **単純移動平均線**（SMA：Simple Moving Average）
❷ **指数平滑移動平均線**（EMA：Exponential Moving Average）
❸ **加重移動平均線**（WMA：Weighted Moving Average）

単純移動平均線は過去一定期間の価格（ローソク足の終値）を平均して結んだ線のことで、今まで解説した移動平均線がこれに該当します。

最もシンプルですが、**為替レートが急に動くと直近のレートに追いつかないなどのデメリット**があります。

これを解決したのが**加重移動平均線**と**指数平滑移動平均線**です。

簡単に言うと加重移動平均線は過去の価格よりも直近の価格の比重を高め、**直近の買いたい人と売りたい人の状態をより強く表した平均線**です。

そして、加重移動平均を更に複雑な計算を加えて進化させたのが、指数平滑移動平均線です。

計算式は複雑なので覚える必要はありません。

加重移動平均線と指数平滑移動平均線は、直近の価格変動をより早くとらえ反応が早いですが、その分**ダマしも増えるデメリットがある**と押さえておいてください。

●3つの移動平均線の特徴を比較

移動平均線	特徴
単純移動平均線（SMA）	・シンプルな構造 ・相場が急に大きく動くと反応が鈍い
指数平滑移動平均線（EMA） 加重移動平均線（WMA）	・直近の価格に比重を置いた構造 ・相場の急変動にも早く反応 ・反応が良すぎる分、ダマしも増える

まずは、最もシンプルでかつ効果的な単純移動平均線を使うようにしましょう！

POINT

短期が長期を上抜ける**ゴールデンクロス**は、買いの勢いが更に加速するサインであり、**買いのタイミング**となります。

逆に、短期が長期を下に抜ける時は、弱気の人が増えている証拠であり、売りのタイミングです。

5-06 王道にしてプロも使う「グランビルの法則」とは

2本の移動平均線のクロスに注目して売買することが分かりました。移動平均線にはそれ以外の手法もありますか？

為替レートと移動平均線の位置関係を見る『グランビルの法則』があります。移動平均線の最も有名な手法で、プロでも愛用している人が多いです。

■グランビルの法則とは

グランビルの法則は金融記者の「ジョセフ・E・グランビル」が考えた、**買いと売りのタイミングを示す8つのパターン**です。

移動平均線と為替レートの位置関係によって、タイミングを計るものです。

為替レートと移動平均線が❶〜❹のいずれかになったら「**買い**」のタイミングです。

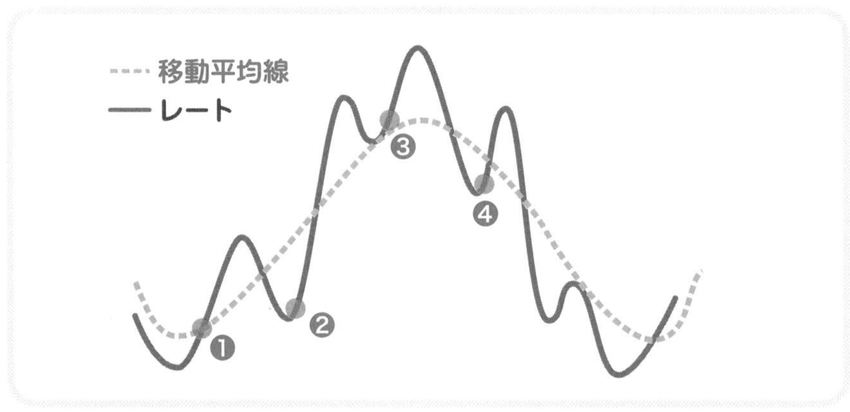

買いのエントリーポイント

❶ 移動平均線が下向きから「横向きまたは上向き」へ変化した場面でレートが上抜け
❷ 移動平均線が「上向き」の場面でレートが下へ離れて反発
❸ 移動平均線が「上向き」の場面でレートが上から下へ近づき反発
❹ 移動平均線が「下向き」の場面でレートが下に離れて反発

逆に、為替レートと移動平均線が❺〜❽のいずれかになったら「**売り**」のタイミングです。

売りのエントリーポイント

❺ 移動平均線が上向きから「横向きまたは下向き」へ変化した場面でレートが下抜け
❻ 移動平均線が「下向き」の場面でレートが上へ離れて反落
❼ 移動平均線が「下向き」の場面でレートが下から上へ近づき反落
❽ 移動平均線が「上向き」の場面でレートが上に離れて反発

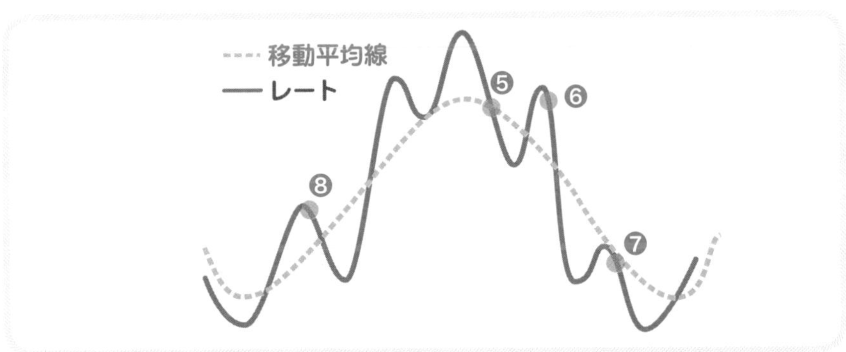

■グランビルの法則の注意点

グランビルの法則で初心者の多くが使い方を間違えるのが、❶と❺です。❶では、移動平均線が「**横向きまたは上向き**」の時にレートが**上抜け**をしてはじめて**買いのサイン**となります。

もし、移動平均線が「**下向き**」の時にレートが上抜けをしても**買いのサインとはなりません**。

また、❺も同様で、移動平均線が「**横向きまたは下向き**」時にレートが**下抜け**をしてはじめて**売りのサイン**となりますので、移動平均線が「**上向き**」の時にレートが下抜けをしても**売りのサインとはなりません**。

初心者は❶〜❽の中で、特にどのポイントを狙った方がいいかなどアドバイスはありますか？

初期のトレンドである❶と❺をとらえると大きな利益が期待できますよ。一方で、❹と❽は主要なトレンドとは逆方向にエントリーする逆張りなので、個人的におすすめはしません。

POINT

グランビルの法則は、移動平均線と為替レートの位置関係を見て、**売買のタイミングを計る最も有名な手法**の１つです。買いと売りで合計８個のエントリーポイントがありますが、特に❶と❺に集中しましょう。一方で、❹と❽はトレンドに逆らう方向へ売買するため、負けるリスクも高くなります。

RSIはトレンド転換を示唆するダイバージェンスに注目

移動平均線やライン分析でトレンドを確認して、エントリーポイントを探すことができると分かりました。でも、そのトレンドがいつまで続くのか、トレンド転換の可能性が高まっているのか、などを予測する手段はあるのでしょうか？

はい！ RSIやMACDなどのオシレーター系のテクニカル分析を使うことでトレンドの勢いが弱まっていると根拠を持って予想することができます

■オシレーターの役割とは

トレンドに沿って売買をする順張りですが、トレンド転換の間近にエントリーしてしまえば、**高値掴み**や**底値売り**となり負ける可能性が高くなります。

例えば、上昇トレンドと確認して買いでエントリーしても、**自分が買った時点が天井**であれば、すぐに含み損の状態になり、**損切りで撤退**をしないと大きな負けにつながります。

では、トレンドが弱まっていて、トレンド転換がそろそろ起きそうだという予兆を、事前に発見することは出来るのでしょうか？

結論から言えば、そこで登場するのが**「オシレーター系」のテクニカル分析**です。オシレーターとは、「振り子」や「振り幅」の意味で、**売買の過熱感を定量的に示す**ものです。

代表的なオシレーター系のテクニカル分析には、次のようなものがあります。

- RSI（アールエスアイ）
- MACD（マックディー）
- ストキャスティクス
- RCI（アールシーアイ）

■RSIは買われ過ぎ・売られ過ぎを示す

RSIは代表的なオシレーター系のテクニカル分析で、ローソク足チャートの下に表示します。

基本的に、**為替レートが上昇するとRSIも上昇**し、**為替レートが下落するとRSIも下落**します。

RSIは0〜100%の範囲で示され、**70%以上になると買われ過ぎ、30%以下になると売られ過ぎ**を意味します。

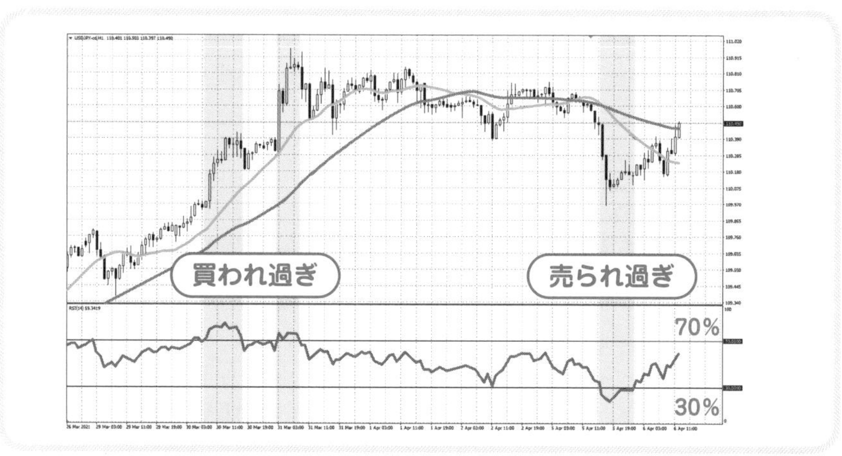

RSIが70%になったら買われ過ぎだから売り、30%になったら売られ過ぎだから、買いをすれば勝てますか？

確かにRSIが70%以上は買われ過ぎを意味しますが、すぐにトレンド転換が起きるとは限りません。RSIが70%に達しても、そのまま上昇が続くこともあるのです。

それじゃあ、30%と70%に注目してトレンド転換を予想できなければ、RSIはあまり使う意味はないのでしょうか？

いいえ、RSIはこの後に解説するダイバージェンスを見つけることで、はじめて効果を発揮します

■ダイバージェンスはトレンド転換のサイン

ダイバージェンスとは、為替レートとRSIの**逆行現象を意味**し、近々、**トレンド転換が起きる可能性が高まっている**ことを示します。

例えば、為替レートが**上昇**しているにも関わらず、RSIが**下落**している場合や、為替レートが**下落**しているにも関わらず、RSIが**上昇**している場合がダイバージェンスです。

次のチャートのように、上昇トレンドの勢いがある間は、RSIも上昇を続けるので、為替レートとRSIは一緒に上昇を続けます。

しかし、為替レートの**上昇の勢いが弱まる**と、RSIが前の高値を更新できなくなり、為替レートとRSIの逆行現象が起きます。

このシグナルがダイバージェンスであり、近々、上昇トレンドから下降トレンドへトレンド転換する可能性を予想できます。

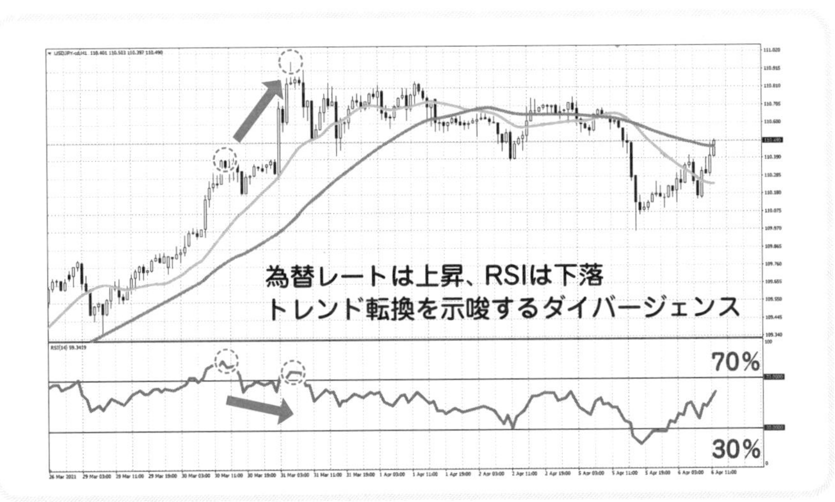

ダイバージェンス

❶為替レートが上昇・RSIが下落
⇒上昇トレンドから下降トレンドに転換する可能性
❷為替レートが下落・RSIが上昇
⇒下降トレンドから上昇トレンドに転換する可能性

POINT

オ**シレーター系のテクニカル分析**は、**買われ過ぎや売られ過ぎ**といった、相場の過熱感を測るのに利用します。

オシレーター系の代表である**RSI**は、70%以上で買われ過ぎ、30%以下で売られ過ぎを示しますが、それだけで売買は禁物です。RSIはダイバージェンスを確認してトレンド転換を予想するようにしましょう。

移動平均線の発展形！ MACDとは

RSIは逆行現象であるダイバージェンスを見つけるのですね。RSI以外に、オシレーター系のテクニカル分析は何がありますか？

それでは、MACDを解説しましょう。MACDはオシレーター系のテクニカル分析に分類されますが、移動平均線を発展させたものです。

■MACD（マックディー）のしくみは移動平均線がベース

MACDはRSIと並んでよく使われる**オシレーター系のテクニカル分析**です。日本語では「**移動平均収束発散法**」と呼び、移動平均線を発展して作られたものです。

まずは、MACDのしくみを理解しましょう。

MACDは期間が異なる2つの移動平均線の差（指数平滑移動平均線EMAの差）からなる「**MACDライン**」と、MACDラインの移動平均線をとった「**シグナルライン**」の2つから成ります。

一般的に、以下の設置値が使われます。

- **MACDライン：期間12と期間26の移動平均線の差**
- **シグナルライン：MACDラインの期間9の移動平均線**

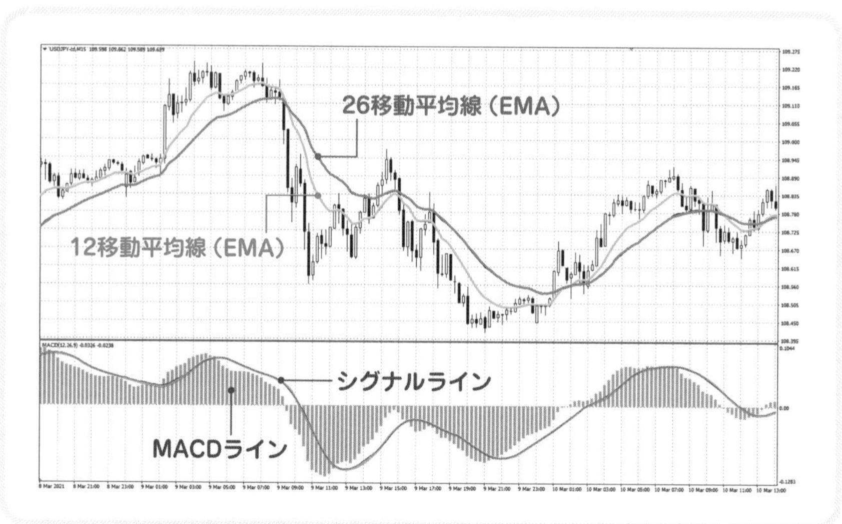

FX会社のチャートによっては、MACDラインが上のチャートのように棒グラフではなく線で表示される場合があります。また、第3の要素としてMACDラインとシグナルラインの差である「**ヒストグラム**」が表示されているケースもあります。

■MACDのゴールデンクロスとデッドクロス

MACDラインは2つの移動平均線の差を取ったものなので、**MACDラインがゼロ値**になるということは、**移動平均線がクロス**していることを意味します。

MACDを使うことで、移動平均線の代表的な手法である「ゴールデンクロス」と「デッドクロス」も使うことができます。

MACDラインが**マイナスからゼロ**になった時は、短期移動平均線が長期移動平均線を上に抜けた時なので、**ゴールデンクロスで買いのサイン**となります。

一方で、MACDラインが**プラスからゼロ**になった時は、短期移動平均線が長期移動平均線を下に抜けた時なので、**デッドクロスで売りのサイン**となります。

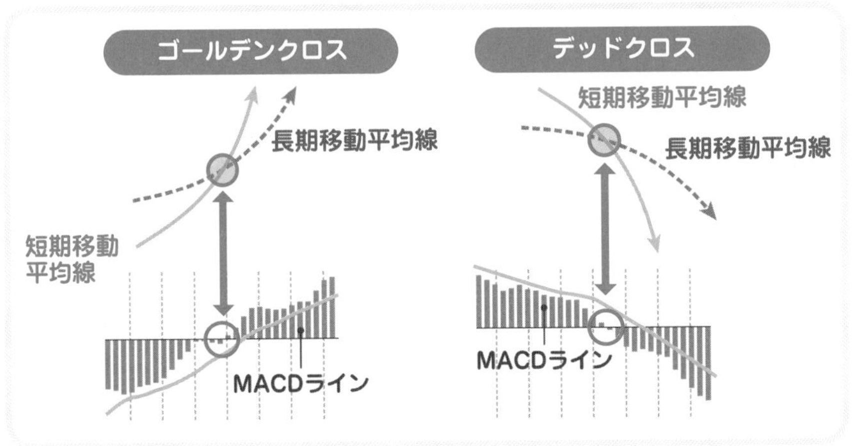

それでは、実際のチャートにMACDを表示して売買のタイミングを確認しましょう。

次のチャートでは、Ⓐの箇所でMACDラインが**プラスからゼロ値とクロス**して売りのサインである**デッドクロス**が発生しています。

為替レートは上昇に勢いがなくなり、短期と長期の移動平均線の差が縮まり、**MACDラインも下落している**様子が確認できますね。

その後、為替レートは下落トレンドに転換しましたが、Ⓑの箇所でMACDラインが**マイナスからゼロ値とクロス**して買いのサインである**ゴールデンクロス**が発生しています。

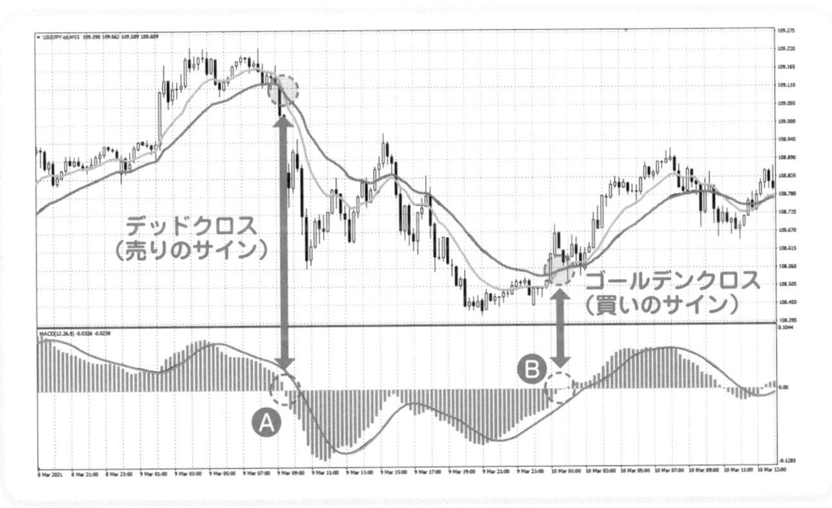

移動平均線のゴールデンクロスとデッドクロスはMACDを使っても確認できるのですね。その他、MACDを使った手法はありますか？

MACDラインとシグナルラインのクロスを確認してエントリーする手法があります。

■シグナルラインを使ったエントリー

MACDには「**シグナルラインとMACDラインのクロス**」でエントリーをする手法があります。

MACDラインがシグナルラインを**下から上へクロスした時が買いのサイン**、一方で、**上から下にクロスした時が売りのサイン**となります。

実際のチャートでMACDラインとシグナルラインのクロスのエントリーポイントを確認しましょう。

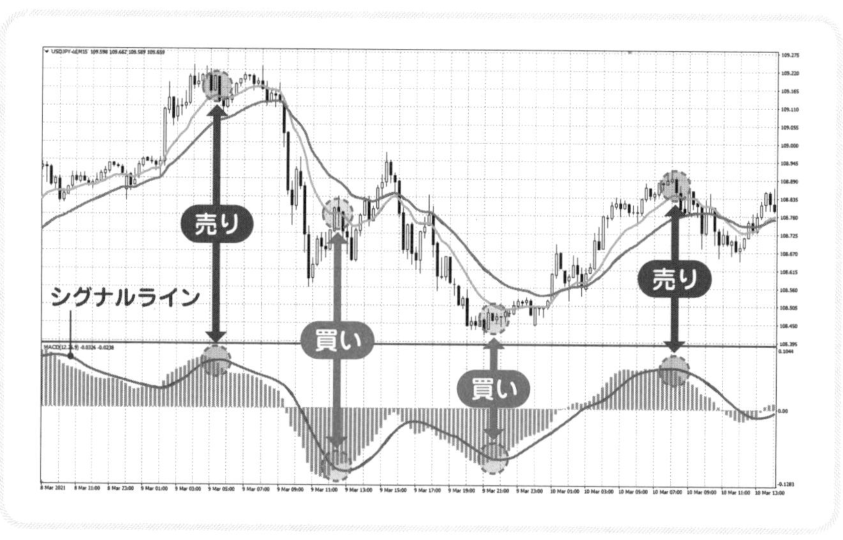

■MACDのダイバージェンス

MACDもオシレーター系のテクニカル分析なので、RSIで解説した**ダイバージェンス**を確認できます。

為替レートが上昇しているにも関わらず**MACDラインが下落**している場合、上昇トレンドから**下降トレンドへの転換**を示唆するダイバージェンスとなります。

また、**為替レートが下落**しているにも関わらず**MACDラインが上昇**している場合、下降トレンドから**上昇トレンドへの転換**を示唆するダイバージェンスとなります。

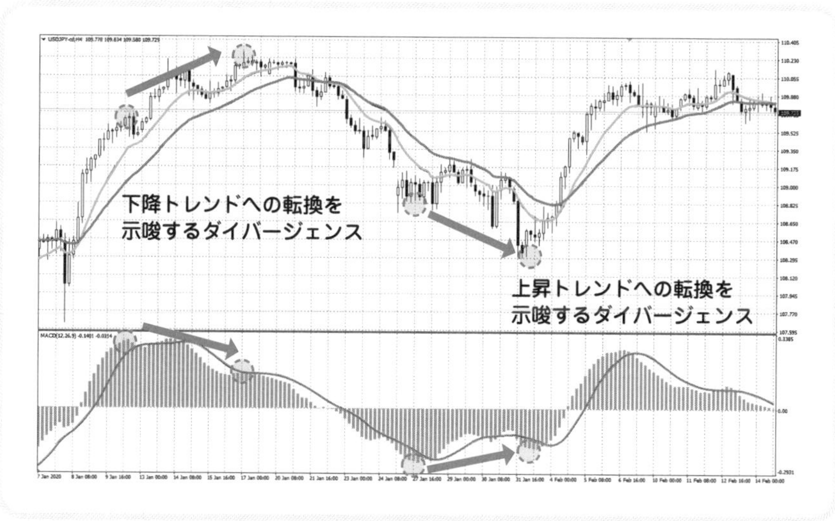

オシレーター系はMACDとRSIのどちらを使えばいいでしょうか？

MACDやRSIに限らず、FXでは「このテクニカル分析が一番良い」という答えはありません。どのテクニカル分析も適切に使えばFXで利益を上げることができます。なので、自分にとって使いやすい分析方法を選びましょう。

POINT

MACDは移動平均線を応用したオシレーター系のテクニカル分析です。**MACDラインのゼロ値とのクロス**でゴールデンクロス・デッドクロスのタイミングを捉えることができます。また、**シグナルラインとMACDラインのクロスの手法**や、**ダイバージェンス**も利用できます。

6日目

FXで最も重要！資金管理の技術

6日目では、売買手法と同じかそれ以上に大切な「資金管理」について学習していきます。
FXでは、売買のタイミングも大切ですが、それだけでは勝てません。予想が外れて負けた時に、いかに損失を最小限に抑えるか、いかに損失よりも多くの利益を取れるかなど、資金管理の技術があってはじめて利益が貯まっていくのです。
資金管理について、今回のレッスンでしっかりと勉強してください。

初心者が負ける理由第1位：リスクリワード

鈴木先生、この1週間の勝率が60％を達成。でも、なぜかトータルの損益がマイナスなんです。少し利益が出ると、すぐに利益確定してしまうんです（泣）。逆に含み損になると、戻るまで待ってしまい、最終的に大きな損失になってしまいます。どうしたらいいでしょうか？

FX初心者にはよくある「コツコツ稼いで、ドカンと負ける」の典型パターンですね。実は、初心者が負ける原因の第1位が、今回解説する「リスクリワード」に関するものなんです。

リスクリワード？　現状を変えるためにも、ぜひ詳しく教えてください！

■リスクリワードを計算してみよう

「リスクリワード」とは、「**利益：損失**」の比率のことを意味します。

そして、FXで稼ぐには常に1回の取引において、損失よりも利益の方が大きい**「利益＞損失」（損小利大）の状態**で取引をしていく必要があります。

例えば、買いから取引を始めた時に、利益確定の幅を60銭、損切りの幅を30銭と定めたとします。

このケースの場合、リスクリワードは「**利益：損失＝60銭：30銭＝2：1**」となり、**利益の方が大きいので適切なリスクリワード**となります。

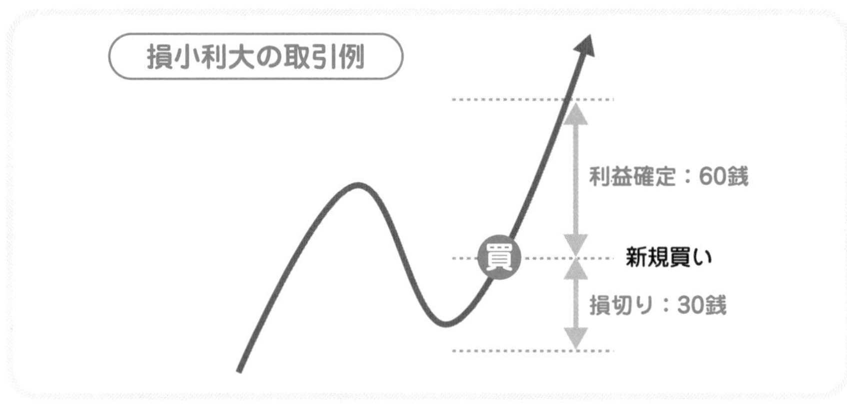

次に、今度は買いから取引を始めた時に、利益確定の幅を20銭、損切りの幅を40銭と定めたとします。

すると、リスクリワードは「**利益：損失＝20銭：40銭＝1：2**」となり損失の方が大きいので、まさにコツコツ稼いでドカンと負ける状態となり、トータルで利益が残りにくくなります。

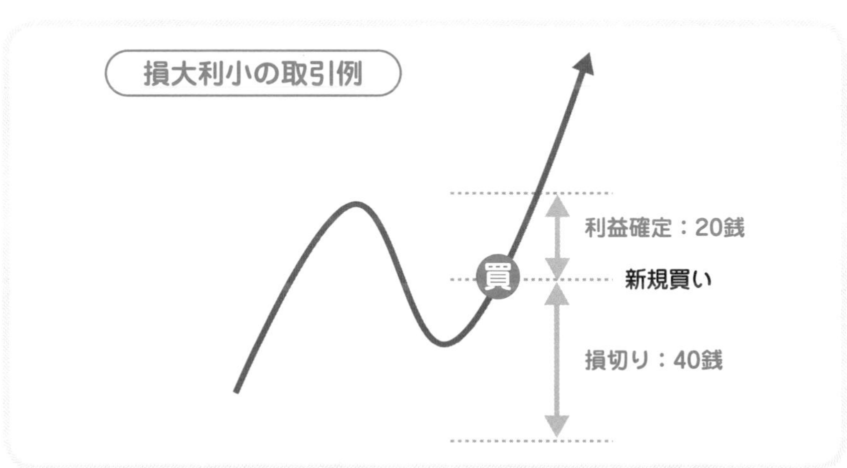

■リスクリワードレシオは1以上をめざそう

リスクリワードと並んで、以下の計算式の「**リスクリワードレシオ**」もよく使われますが、基本的に意味するところは同じです。

リスクリワードレシオ　＝　平均利益÷平均損失

平均利益と平均損失が同じ場合、リスクリワードレシオは1.0となり、これが損益分岐点の基準となります。

そして、損小利大の状態にするには、**リスクリワードレシオが1.0よりも大きくなる**ように取引をしていかなければなりません。

例）実際にリスクリワードレシオを計算してみましょう。

- **総取引回数：15回**
- **利益確定の取引回数：10回（利益の総額200pips）**
- **損切りの取引回数：5回（損失の総額400pips）**

この場合、平均利益は20pips(200pips÷10回)、平均損失は80pips（400pips÷5回）となるため、リスクリワードレシオは、「**20÷80＝0.25**」となります。

損切りの幅が広いためリスクリワードレシオが1.0を大きく下回っている状態です。

ここで、勝率はおよそ67％（勝ち取引10回÷総取引15回）と一見すると勝っているように見えますが、トータルでは損失の方が大きくなってしまうのです。

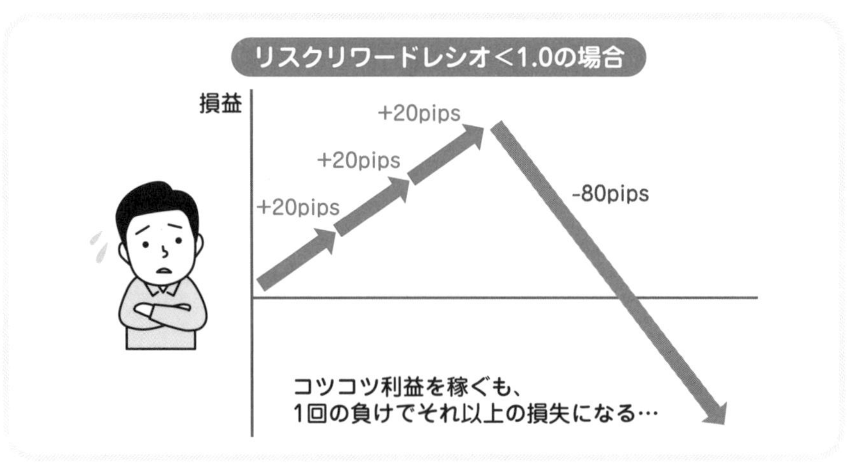

■理想のリスクリワードレシオは？

FX初心者は、どうしても損大利小になりがちで、結果としてリスクリワードレシオが1.0を大きく下回る傾向にあります。

これだと勝率が上がっても、トータルの収支はマイナスになってしまいます。取引回数を増やせば増やすほど損失が膨らむという悪循環に陥ります。

それでは理想となるリスクリワードレシオとは、どのくらいの数値なのでしょうか？

リスクリワードレシオの理想値は、「**2.0〜3.0**」が目安となります。

2.0以上であれば、1.0を大きく上回っており、勝率が50%より低くても収支はプラスになります。

例えば、リスクリワードレシオが**2.0だと勝率は約34%でも収支はプラス**です。

3.0だとなんと勝率25%を超えれば収支はプラスになるのです。4回取引して少なくとも1回は勝つということを継続していけば利益は積み上がっていくということです。

これこそ理想の損小利大の取引です。

FX初心者はリスクリワードレシオをまず設定して、そこから利益確定はどのくらいの幅で行うのか、損切りはどのくらいの幅で行うのかを計算していってください。

まずはリスクリワードレシオが1.0より大きくなるように設定していきましょう。

POINT

FXの資金管理で最も大切な要素が、利益と損失の比率である「リスクリワード」です。1回の取引で、常に損失よりも利益が大きい**損小利大（利益>損失）の状態**になるように利益確定幅と損切り幅を決めていきましょう。

逆指値注文は必ず置く習慣を身に付けよう

FXでしっかりと利益を積み上げていくには、リスクリワードレシオを2.0以上にしなくちゃと頭ではわかっているんです。でも、実際に含み損が出たときに、どうしても損切りに踏み込めません。もしかすると為替レートが元に戻って、含み損から含み益に変わるかもって期待してしまうんです……。

損切りを決断するには強い意志が必要です。FXで勝つためにはメンタルの強さも重要な要素になりますからね。しかし、FX初心者はどうしても自分で損切りできない人が多いので、最初から損切り注文を置くことがおすすめです。

■損切りができない人はFXで勝てません

「**得するより、損したくない**」というのが人間の心理で、**プロスペクト理論**と呼ばれています。

1万円の利益よりも、1万円の損失の方が心理的な負担が強いことになります。**人間は損することに対してとても敏感**なのです。

損切りに踏み切れなかったとしても、為替レートは常に変動していますから、運よく反発して含み損を帳消しにしてくれることもあるでしょう。

しかし、これを一度経験してしまうと、損失を確定する損切りが心理的にとても難しくなります。

待っていれば値段が戻って来て損しないで済むという、根拠のない希望を持ってしまうからです。

言うまでもないですが、これがFX初心者のよくある敗因のひとつです。

確かに5回に4回は為替レートが戻るかもしれません。しかし、5回に1回は為替レートが戻ることなく、強い逆方向のトレンドが発生して大きな含み損を抱えてしまうこともあるのです。

この**1回の大敗がこれまでの利益をすべて吹き飛ばします。**

しかも一度逃した損切りは、そのまま**塩漬けになってしまう傾向が強い**です。

そうなると証拠金が底をつくまで損失を確定できなくなり、強制ロスカットという最悪の事態に陥ってしまいます。

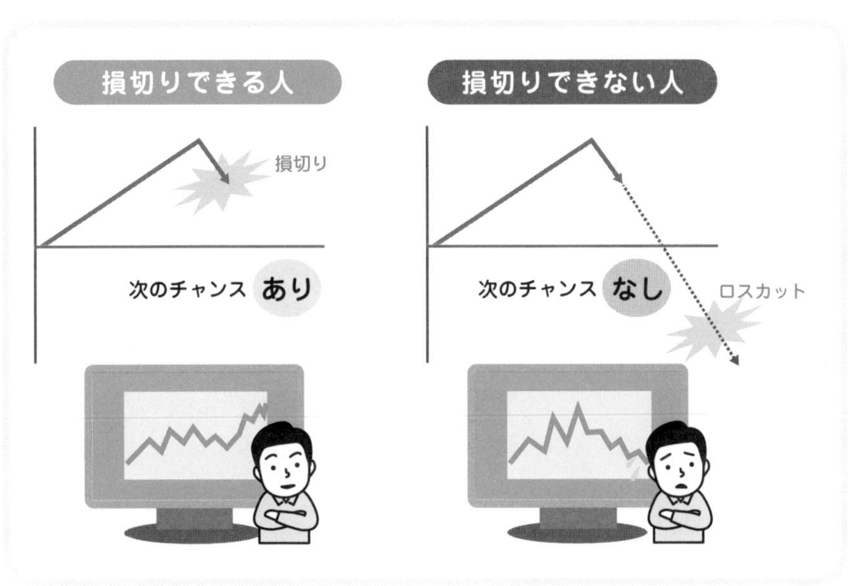

このような事態を避け、自分で定めたリスクリワードレシオを遂行するためには、「**損切りは必要不可欠**」なのです。

■強制的に損切りする仕組みとは

含み損が出たときに「損切りするべきか、まだ待つべきか」と慌てて悩むのは遅すぎます。

為替レートは刻一刻と動いており、値動きに惑わされて冷静な判断ができないかもしれません。

であれば、**事前に強制的に損切りする仕組みを作っておくべきです**。悩むからこそ損切りができず、損切りできないからこそ設定しているリスクリワードレシオを達成できないのです。

自動的に損切りする仕組みはとても簡単で、取引を始めると同時に「**逆指値注文**」(74ページ)を置くのです。

例えば、1ドル106円で買いから取引を始め、100銭(1円)の含み益で利益確定、50銭の含み損で損切りと決めたとします。

これだとリスクリワードレシオは2.0(100÷50)なので合格ラインですね。そして、**損切りしたい為替レートの水準の105円50銭に逆指値注文をセットするのです**。

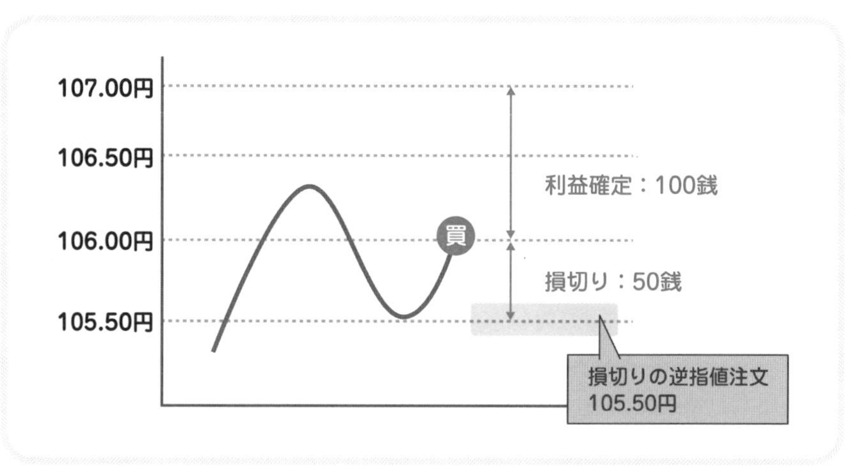

これで、寝ているときも、仕事で忙しいときでも、相場が下落したら自動的に損切りしてくれるので、損失を限定させることができます。

損切りした後に為替レートが戻ったと後悔することもあるかもしれませんが、それを考えていたのであればいつまでたっても目標のリスクリワードレシオは達成できません。

FXで損失が出るのは当たりまえです。

一流のプロトレーダーですら損切りをしています。要はそれ以上に利益の幅を大きくし、勝率を高めていけばいいのです。

損切りのための逆指値注文を置くことはFX初心者に限ったことではありません。

中級者、上級者になってもこの点は徹底して継続していく必要があります。

POINT

人間は心理的に損をするのが嫌いであり、そのため中々損切りに踏み出せない場合があります。「いつか戻るかも」という期待は、投資の世界では大損という致命傷につながる危険な考えです。

FX で取引をする際は、必ず損失を限定させる「**逆指値注文**」を置きましょう。

FX取引の損益計算の方法を学ぼう

何ロットで、利益幅がいくらだと、どれくらいの利益額になるのかイマイチ分かりません。FX取引の損益はどうやって計算するのでしょうか？

FXでいくら損するか？利益が出るか？を最初に把握することはとても大事です。取引を始めた後に、変動する損益に驚かないように、ロットを調節して、心理的ストレスがない金額で取引するようにしましょう。

■円を含む通貨ペアの場合の損益計算の方法

FXの損益計算は、円を含む通貨ペア（米ドル円やユーロ円など）と、円を含まない通貨ペア（ユーロ米ドルやポンド米ドルなど）でやり方が異なります。

まず、**円を含む通貨ペア**の場合は以下の計算式から求まります。

取引損益 ＝ 売買値幅 × 通貨数量
（売買値幅 ＝ 売値 − 買値）
（通貨数量 ＝ ロット数 × 取引単位）

FXは買いだけでなく、売りからも売買ができますが、どちらの場合も売買値幅は「**売値―買値**」となります。

また、通貨数量とは取引の大きさのことで、FXでは1ロット、2ロット、3ロットとロット毎に取引しますので「**ロット数×取引単位**」から求まります（80ページ）。

取引単位は「**1ロット＝1千通貨**」や「**1ロット＝1万通貨**」、「**1ロット＝10万通貨**」などFX会社によって様々なので、利用するFX会社はどれか確認するようにしましょう。

本書では、近年主流の「1ロット＝1千通貨」で解説します。

〈例題1〉　取引通貨：米ドル/円
通貨数量：5ロット＝5,000通貨
新規注文（買い）：110.500円
決済注文（売り）：110.800円

取引損益＝(110.800円－110.500円)×5,000通貨＝＋1,500円

〈例題2〉　取引通貨：ユーロ/円
通貨数量：3ロット＝3,000通貨
新規注文（売り）：120.750円
決済注文（買い）：120.950円

取引損益＝(120.750円－120.950円)×3,000通貨＝－600円

■円を含まない通貨ペアの損益の計算方法

円を含まない通貨ペアの場合は、先ほどの円を含む通貨ペアの計算式に「**円換算レート**」の掛け算が加わります。

取引損益 ＝ 売買値幅 × 通貨数量 × 円換算レート
(売買値幅 ＝ 売値 − 買値)
(通貨数量 ＝ ロット数 × 取引単位)
(円換算レート：通貨ペアの右側通貨の対円レート)

円を含まない通貨ペアの場合、「売買値幅×通貨数量」で求まる金額は円ではなく、**通貨ペアの右側に表記される通貨の金額**となります。

なので、円に換算した損益を求めるには、**通貨ペアの右側に表記される通貨の対円レート（円換算レート）**を掛け算する必要があります。

例えば、ユーロ/**米ドル**の場合、右側の通貨は**米ドル**なので、米ドルの対円通貨である**米ドル/円**のレートを掛ける必要があります。

同様に、ユーロ/**英ポンド**の場合、右側の通貨は**英ポンド**なので、英ポンドの対円通貨である**英ポンド/円**のレートを掛ける必要があります。

〈例題３〉 取引通貨：ユーロ/米ドル
通貨数量：３ロット＝3,000通貨
新規注文（買い）：1.17500米ドル
決済注文（売り）：1.17800米ドル
円換算レート：１米ドル＝110円

取引損益＝(1.17800米ドル－1.17500米ドル)×3,000通貨×110円
＝＋990円

〈例題４〉 取引通貨：英ポンド/米ドル
通貨数量：５ロット＝5,000通貨
新規注文（売り）：1.37400米ドル
決済注文（買い）：1.37800米ドル
円換算レート：１米ドル＝110円

取引損益＝(1.37400米ドル－1.37800米ドル)×5,000通貨×110円
＝－2,200円

計算の仕組みがよく分からない人も、FX会社の方で計算してくれるアプリやシミュレーションツールもあるので心配しなくて大丈夫です。取引をしていく中で、少しずつ慣れていきましょう。

POINT

何ロットの取引で、為替レートがどれくらい変動すると、いくら損が出るか、利益が出るかを事前に把握しておくことは大切です。**どれくらいの損を自分が許容できるかを認識**して、自分に合ったロット数で取引を行っていきましょう。

取引1回の損失額に上限を設ける

リスクリワードレシオを意識して、損切りの逆指値注文を必ず置くことは理解できました。でも、売買するロット数（通貨数量）でも損失の金額が変わると思うのですが、ロットはどのように決めればいいのでしょうか？

1回の取引で許容できる損失額に上限を設けて、その範囲内になるようにロットを決めましょう。例えば、損失を証拠金の3%までに設定するというやり方です。これも、せっかくルールを決めても守れなければ意味がないので、一度決めた損失額以内で損切りすることを徹底しましょう。

■3%ルールで損切り幅を確定させる

「毎月これだけ稼ぎたい」と目標を決めることは大切ですが、その目標を達成するために無理なトレードを続けていたのでは、どんどん深みにはまります。

まずは、**稼ぎたい目標よりも、損失を限定させることを優先しましょう**。

1回の取引で、証拠金の何%までの損失を許容するかを決めるのが今回紹介する資金管理ルールです。

一般的に、損失額は証拠金の

「3%（最大でも5%以内）」

に抑えるべきです。

例えば、証拠金が30万円だったとすると、「30万×3%＝9千円」の含み損が許容できるリスクの限界です。

つまり、1回の取引において、**損失を9千円以内に必ず抑えるように損切りの逆指値注文**を置くのです。

1回の損失が証拠金の3%以内ですから、大きな痛手になることはなく、次の取引に臨むことができます。

具体的な米ドル円の為替レートで確認してみましょう。

〈具体例〉
証拠金：30万円
通貨数量：20ロット＝20,000通貨
新規注文（買い）：110.500円
逆指値を置く水準：110.000円

ここで、上記の設定だと、損失は証拠金の3%（9千円）以内に収まるでしょうか？

204ページで学習した取引損益の計算をすると、損失は1万円となり、損失の許容額を超えてしまっています。

取引損益＝(110.000円－110.500円)×20,000通貨＝－10,000円

なので、3%ルールを適用するには、**ロットを減らすか、損切り幅を狭くする必要**があります。

次に、損切りを置く水準を「110.100円」に変えた場合はどうでしょうか？

取引損益＝(110.100円－110.500円)×20,000通貨＝－8,000円

この場合、損失額は8千円と、損失許容額の9千円以内に収まっており、合格の水準となります。

逆指値を置く水準が決まれば、次は、**リスクリワードレシオを考えて、損切り幅よりも利益幅の方を大きく取れば**、利益が残りやすい適切な取引ができます。

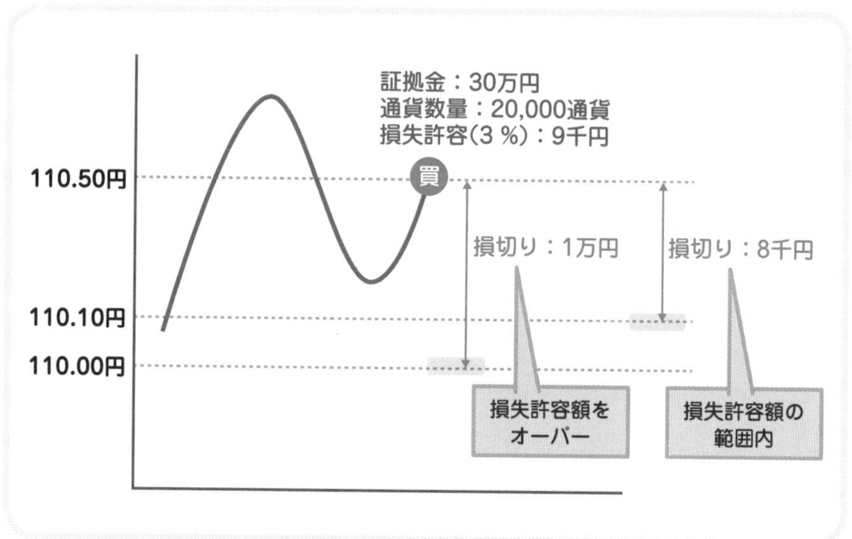

FX初心者は安定感を身につけるまで1％にする

よりリスク量が少ないのが、**1％ルール**であり初心者におすすめです。

損切りは証拠金の1％の含み損ということですから、先ほどの3％ルールの半分未満で損切りです。

FXで負ける人の多くが、含み損が大きくなりすぎて退場せざるを得ないというケースですから、1％ルールを徹底すればそのような最悪の事態は回避できます。

FXのトレードに安定感がついてくれば、1％から2％、そして3％と徐々に上げていくのがいいでしょう。

経験していく中で、メンタルのコントロールもできるようになり、テクニカル分析やファンダメンタルズ分析にも慣れてきてから3％ルールを適用させても遅くはありません。まずは「**決めたルールをひたすら徹底する**」ということを強く意識しましょう。

POINT

1回の取引で、どれくらいの損失までなら受け入れることができるのか上限を設けましょう。**証拠金に対して3％以内が目安**です。その範囲内に収まるように逆指値注文やロットを調整し、メンタルへの影響を少なくして取引を行っていくことが重要です。

6-05 FXはいくらで始めるのがいい？

鈴木先生、**FXを始めるときの資金**ですが、5,000円くらいで始められるという話も聞きますし、10万円は必要だという話もあります。いったいどのくらいの資金で始めるのがいいのでしょうか？

そうですね。FXで**どのくらい稼ぎたいのか**という目的によって、始める資金は変わってきますね。

■FXを試してみたいのであれば、「5万円」から

デモトレードで試してみよう

FXを試してみたいということであれば、**無料で体験できるデモトレード**が、ほとんどのFX会社で提供されていますのでおすすめです。

デモトレードでは仮想のお金で売買するので、負けても実際にお金が減ることはないです。勝ってもお金はもらえません。

しかし、実際の為替レートで売買できるので、仕組みや注文方法などを一通り確認できます。

リアルマネートレードがトレード力を高める

ただし、リアルのお金ではないので、本当のFXの緊張感を味わうことはできないデメリットもあります。

FXのトレード力を高めていくには、やはりリアルトレードしかありません。

自分の資金が本当に減る、増える、ということを通じて、注文を入れるタイミングや、メンタルのコントロールの難しさを体験できます。

初心者は５万円程度の少額でいいのでリアルマネーで取引すべきです。

１ロット千通貨から取引できるFX会社であれば、ドル円を扱ったとしても5,000円程度（※１ドル110円のとき最低必要な証拠金は4,400円）で売買可能です。

ただし、5,000円で始めると、為替相場が予想とは逆に動いた場合、すぐに強制ロスカットが発動してしまうリスクもあります。

実際に、１ロットの取引だとしても、**証拠金は余裕をもって５万円は入金しておきたい**ところです。

この状況でFXに慣れてきて、安定して利益を出せるようになったら、証拠金を増やして、１万通貨からの取引などに挑戦してみるのがいいでしょう。

初めからハイリターンを狙って建玉多めで取引していくと損失が大きくなって、立ち直れなくリスクがありますので注意してください。

■FXで生活していくのであれば「200万円」以上

FXトレーダーとして自立したい方は、200万円程度の資金は必要でしょう。

この証拠金であれば、ドル円で10万通貨を保有しても、レバレッジは5倍（81ページ参照。※１ドル100円のとき）なのでまだ余裕がある状態です。

10万通貨の取引では、100pips(1円）の変動で10万円の利益となります。この取引を月に３回成功させれば30万円ですから、生活はできます。

ただし、勝率100％はあり得ないので、逆指値はもちろん入れてリスクリワードレシオをしっかり定めて取引していかないといけません。

200万円程度

兼業投資家（副業）

30～40万円程度

本業があって、**副業的な取り組み**でFXに投資するのであれば、そこまでの利益も、そこまでリスクを取る必要もないので、**30～40万円くらいの資金**でじっくりチャレンジしてみるのがいいでしょう。

まずは収支が少しでいいからプラスになるように、トレードスタイルに修正をかけながら取引し続けてみてください。

この状況でもっといけるという実感があれば、資金を増やしていきましょう。

ただし、保有する建玉が増えれば増えるほど、プレッシャーも大きくなり、ルールの徹底やメンタルの強さを試されることになりますので、そこまでの期間に安定した取引ができるようになっておくことが必要です。

ちなみに**国内FXでは年間で収支がマイナスになっても、3年間は確定申告により損失繰越ができます**ので、結果が出てない場合でも、2年後、3年後に成果をあげるように努力をしていきましょう。

POINT

FXをこれから始める方は、デモトレードか**5万円くらいの少額からスタート**して慣れていきましょう。その後、安定して稼ぐイメージがついてきたら、徐々に証拠金を増やしていくのが良いです。逆に、早く稼ぎたいあまり、資産の多くを最初から投じることは避けましょう。

リスクヘッジのための分散投資

FXで勝つためには、手法だけではなく、資金管理も重要だということがわかってきました。鈴木先生、リスクを軽減するための**資金管理で他に工夫すべき点**はありますか？

そうですね。投資において、リスクヘッジ（危険を回避）のために**分散投資**することは効果的ですよ。

分散投資ですか。
何をどう分散すればいいのかぜひ教えてください。

■通貨ペアを分散すれば大きな損のリスクが軽減される

もし、FXでドル円だけを扱っていた場合、3%ルールで損切りしたとしても、予想をことごとく外してしまって損切りが続くと損失は膨らんでいきます。

そこで扱う通貨ペアを増やして、**一方で損失が出ても、一方で利益が出せるようにする**のです。それが「分散投資」です。

もっとも主流なのが、ドルとユーロの分散投資です。

通貨量が世界1位と2位の通貨であり、ドルが上昇するとユーロが下落し、ユーロが上昇するとドルが下落するような傾向が強いのが特徴です（※必ずそうなるわけではない）。

そのため、ドル円をロングで保有し、ユーロドルもロングで保有しておけば、強いトレンドが発生して**ドルが急落して**も、ドル円は下落（ドル安・円高）しますが、**ユーロドルは上昇（ユーロ高・ドル安）**します。

つまり、どちらか一方では利益が出る可能性が高く、1種類の通貨ペアだけで取引した場合と比べて、損失のリスクが軽減されます。

予想が外れた通貨ペアは素早く損切りを行い、**含み益が出た通貨ペアでとことん利益を伸ばしていくのです。**

ただし、その分だけ多くの国の経済情勢などの情報を収集する必要がある点と、チャート分析も含めてポジション管理に手間がかかります。

FXに慣れてきてから、監視する通貨の種類や、同時に取引する通貨ペアを増やしていきましょう。

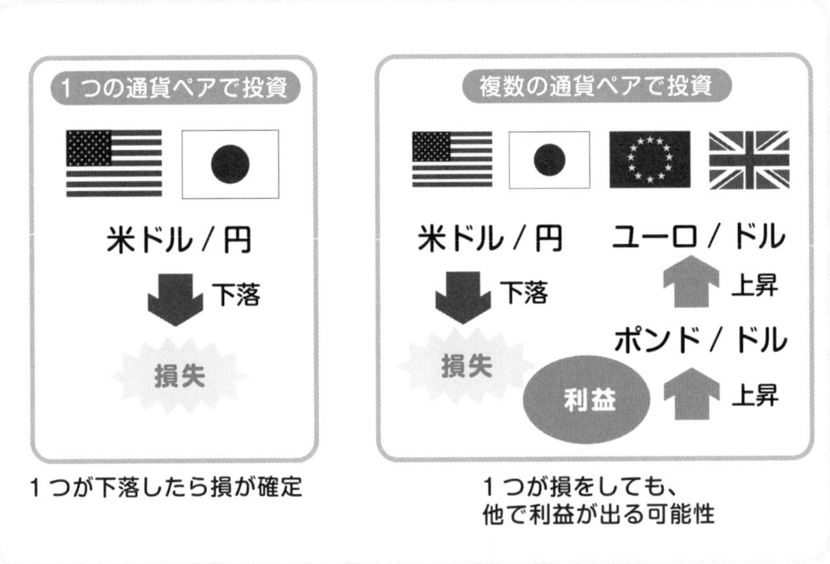

■投資を行う時期の分散をはかろう

通貨ペアを分散させるだけではなく、投資を行う時期の分散というやり方もあります。

同じ通貨ペアで、一度に全力で大きなロットで取引を始めると、その後の市場の変化に対応しにくくなってしまいます。

ロットを増やすのであれば、あえて時期をずらして新規注文を入れていくことが有効です。

例えば、毎月一定の金額でドルを買い足していくというものです。

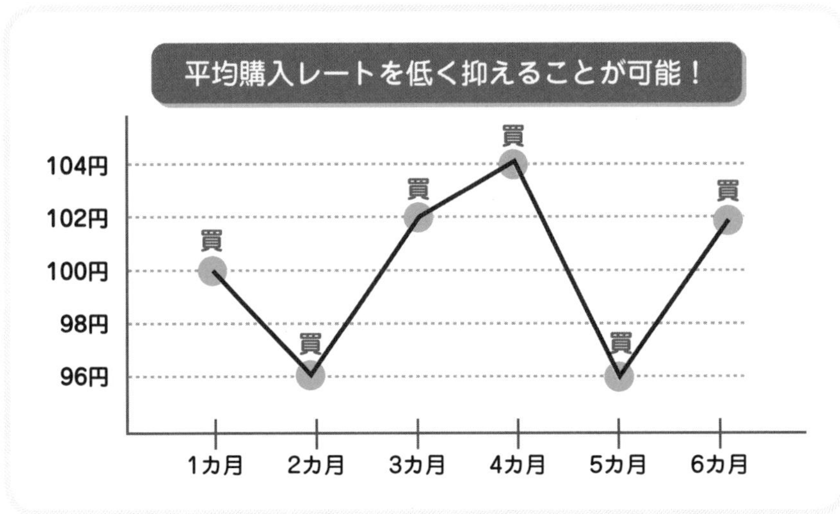

為替レートは、もちろん上昇したり、下落したりすることもありますが、この手法だと、平均購入単価を押し下げて、利益が出やすくなります。

しかし、含み損が出たからと言って、無計画で買い増すやり方は、**「ナンピン」といって悪手で避けるべき**です。あくまで、事前に決めた戦略で、計画的に買い増しを行うことが前提であると覚えておいてください。

POINT

損失のリスクを軽減する方法に**「通貨ペアの分散」「投資タイミングの分散」**の２つのやり方があります。通貨ペアは１種類だけでなく、複数の通貨ペアを監視し、**ドル買いとユーロ買いを組み合わせる**などでリスクを和らげることができます。また、一度に全力で取引を始めるのではなく、**ロットを何回かに分けて分散**することで、平均取引単価を有利にすることが可能です。

Column 絶対順守！私の絶対ルール4つを紹介

私がメガバンクで為替ディーラーをしていた時に、机に以下のルールを紙に書いて貼っていました。そして、個人投資家になった今も、これらのルール順守は徹底しています。

① **明確な根拠の無い時はエントリー禁止**
② **ナンピン買い・売りは原則禁止**
③ **必ず損切りを設定し、離す方向への変更は禁止**
④ **負けた後の売買逆転や金額を倍にすることは禁止**

これらのルールを１つでも破ると、FXで負けるリスクが高くなると断言できます。
①では『明確な根拠を持って取引』することを義務付けています。逆に、その時々の相場の雰囲気で、「なんとなく売買」をすると、たいていの場合、負けて後悔することになります。
②ではナンピン買い・売りを禁止しています。事前に戦略的に決めて行う場合は例外ですが、取引を始めた後に、決めてもいなかったナンピンは損を拡大させる危険な行為です。
③では、一度決めた損切り注文は絶対に遠ざけてはならないと決めています。損切りを遠ざける行為は、負けを認めずにずるずると損失を拡大させる愚かな行為であり、リスクリワード的にも失敗となります。
最後に④では、負けた直後の感情的な売買を禁止するルールです。負けてカッとなり、反対方向への売買（ドテン）や、ロットを倍にして取引することを続ければ、資金はどんどん減っていくでしょう。FXにおいて怒りはマイナス以外の何でもなく、百害あって一利なしです。
これらのルールが守れない時は、FXをする資格が無い状態なので、PCの電源を消して、一度冷静になってから相場の世界に戻るようにしましょう。

7日目

FXで失敗しないための極意とは?

最終日となる本日は、FXで稼ぐために必要なマインド(思考法)や、日々のルーティーンを説明していきます。
FXでは一時的に運だけで稼ぐ人は多くいますが、その後も安定して稼ぎ続けられる人はほんの一握りです。
勝ち組投資家は、どんな考えや習慣でFXに臨んでいるのか、負けた時にどのように気持ちを切り変えているのかなど、しっかりと理解しましょう。

マーケットの情報を収集しよう

鈴木先生が実際にFXで勝つために心がけていることや、日々のルーティンみたいなものはありますか？

はい、ルーティンはありますよ。ただ、勝つためというより失敗しないために行っている感じです

その方法をぜひ教えてください！

■マーケットの情報収集の重要性

FXで成果を出していくためには、チャートの知識や取引の経験を積み上げていくだけではなく、いつも「**情報に敏感である**」必要があります。

例えば、来週の半ば頃にFOMC（米連邦公開市場委員会）が開催され、金融緩和を継続するのか、それとも逆に金融引き締めに動き始めるのかを市場が注目していたとします。

そうなると開催までの間は、様子見のために相場は静かになり、FOMCの声明が発表された直後に大きく動き出すことになります。

このことを知らずにFXをしていたとしたら、なぜ為替レートの動きがにぶくなっているのかわかりません。

FOMCの声明によって相場が大きく変動し、朝起きたら強制ロスカットになっていてビックリなんてこともあるのです。特にFX初心者にはありがちな取引パターンです。

マーケットの情報を日々確認することは、チャンスを見つけるヒントにもなり、また、ピンチに対して事前に備えることもできるので、とても重要な作業です。

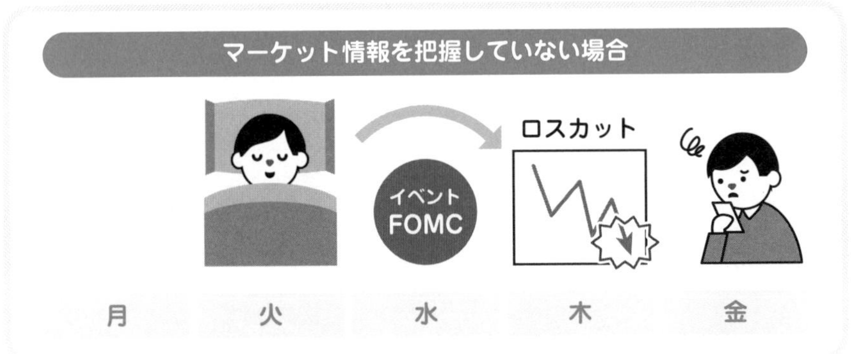

マーケットに影響を与える世界情勢は日々変わっています。何が為替レートに大きな影響を与えるかもその時々によって変化していきます。

マーケットの変化が意味することがわかり柔軟に対応できるようになれば、**FXで失敗するリスクを軽減することができる**でしょう。

■期間に分けてマーケット情報を整理する

まずは「**1ヶ月**」という期間で、重要なイベントはいつ行われる予定なのかを確認しておきましょう。

経済指標や金融政策が発表される日程や、財政政策の審議が行われるタイミングは要注意です。

これらについては、利用しているFX会社の公式サイトやアプリ上で、カレンダーのようなかたちで日程を確認できます。イベントの重要度も☆の数などで表示されています。

FX初心者の頃はどういう結果になると円高、円安のどちらに動くのかよくわからないと思いますので、アナリストが予想や分析をしている情報サイトはいくつか参考にした方がいいでしょう。

今月、市場が一番注目している点はどこなのかも把握することができます。

1週間の指標発表スケジュールを把握する

次に「**1週間**」というスパンで、**どの曜日が重要になるのか**確認しましょう。金曜日にはアメリカ雇用統計の発表があるな、といった感じです。そうなると週末まで相場は様子見ムードが漂います。

●1週間のスケジュールを確認

4/13 (火)					
15:00	2月 月次国内総生産（GDP）［前月比］	★★★	-2.9% (-2.2%)	0.5%	0.4%
21:30	3月 消費者物価指数（CPI）［前月比］	★★★	0.4%	0.5%	0.6%
21:30	3月 消費者物価指数（CPI）［前年同月比］	★★★	1.7%	2.5%	2.6%
21:30	3月 消費者物価指数（CPIコア指数）［前月比］	★★★	0.1%	0.2%	0.3%
21:30	3月 消費者物価指数（CPIコア指数）［前年同月比］	★★★	1.3%	1.5%	1.6%
4/14 (水)					
11:00	ニュージーランド準備銀行（RBNZ、NZ中央銀行）政策金利	★★★	0.25%	0.25%	0.25%
25:00	**パウエル米連邦準備理事会（FRB）議長、発言**	★★★			
4/15 (木)					
21:30	**3月 小売売上高［前月比］**	★★★	-3.0%	5.9%	
21:30	**3月 小売売上高（除自動車）［前月比］**	★★★	-2.7%	5.0%	
4/16 (金)					

Yahoo!ファイナンス
https://info.finance.yahoo.co.jp/fx/marketcalendar/

そして「**1日**」の中で、**どの時間帯に行われるのか**という点を確認します。経済指標発表であれば、事前予想がどのくらいの数値で、前回はどのくらいの結果だったのか、最近の経済はどうなのか、といった点も分析しておくのがいいでしょう。

そして保有している建玉にリスクはないのかを見直してみてください。

サプライズが起こった場合にどのように対処をするのか心構えもしておきます。

日本時間では深夜になることが多いので、寝ていて気づかない場合もあります。

逆指値は設定しているか、必ず確認してから就寝しましょう。

●1日のスケジュールを確認

経済指標カレンダー

日付 2021/04/12　国 すべて　重要度 すべて　絞り込む

発表	経済指標	重要度	前回（修正）	予想	結果
4/12 (月)					
08:50	3月 国内企業物価指数 [前月比]	★	0.4% (0.6%)	0.4%	0.8%
08:50	3月 国内企業物価指数 [前年同月比]	★	-0.7% (-0.6%)	0.5%	1.0%
18:00	2月 小売売上高 [前月比]	★★	-5.9% (-5.2%)	1.7%	3.0%
18:00	2月 小売売上高 [前年同月比]	★★	-6.4% (-5.2%)	-5.3%	-2.9%
27:00	3月 月次財政収支	★★	-3109億ドル	-6580億ドル	-6596億ドル

Yahoo!ファイナンス
https://info.finance.yahoo.co.jp/fx/marketcalendar/

予想と結果、為替レートの動きを検証しよう

結果に対して相場がどう動いたのかの検証も重要です。

予想以上の好結果だったのに、あまり為替レートが動いていない場合もあります。これは事前に**市場が織り込み済**だったということです。

市場は結果よりも早く動くケースがあります。**市場の思惑がどう強まっているのかという点も、FXの情報サイトなどを利用して事前に情報収集**しておく必要があるのです（おすすめ情報サイトは223ページ）。

POINT

マーケット情報の収集は、FXで負けるリスクを抑えるために必ず行いましょう。重要な経済指標や金融政策決定会合のスケジュールを事前に把握しておかないと、それだけで負けるリスクが高まります。

正確で信頼のおける情報を手に入れよう

毎日更新される情報を収集することが、FXで失敗しないための大切なルーティンなんですね。やっぱりそういった情報サイトって高額の月額支払いになるんでしょうか？

もちろんそういった会員制のサイトもありますが、無料のサイトで十分役に立ちますよ。どちらにせよ重要になるのは情報の正確性です

無料で利用できる情報サイトや、情報サイトを利用する際の注意点を教えてください！

■おすすめの情報サイト

FX口座を持っていれば、**FX会社のアプリやサイト**などで、外国為替レート、経済指標に関する情報がタイムリーに流れています。

情報の充実ぶりについてはFX会社によってやや異なるものの、今日の何時に重要な経済指標が発表になるのかも含め、事前に確認することができて便利です。

こちらについてはもちろん無料で提供されています。複数のFX会社で口座を開設しているのであれば、見比べてみて見やすく扱いやすい会社のアプリやサイトを利用するのがいいでしょう。

FX会社のほとんどがフィスコ、トムソンロイターといった金融情報配信会社や通信社と契約しているので、経済指標発表結果も素早く入手することができます。

ただし、FX初心者の方は、金融や為替のニュースは、重要なものからスルーしていいものまで数多く、どのニュースに注目していいのかわかりませんね。

そういったときに参考になるのが**有名アナリストの市場分析や、今後の予想**です。おすすめの無料情報サイトを３つご紹介します。

❶ **Bloomberg**　https://www.bloomberg.co.jp/
❷ **REUTERS（ロイター）**　https://jp.reuters.com/
❸ **ザイFX**　https://zai.diamond.jp/

グローバルな経済ニュースを取り上げていますし、為替相場の値動きなどもチャートで紹介されているので、自分で分析する時にも大いに活用できます。

専門家が詳しく記事で解説をしているため、**市場の関心がどこに集まっているのかを確認することもできます**。

FXの分析力やトレード力向上のためにも、こういった情報サイトを見ておくことは大切です。

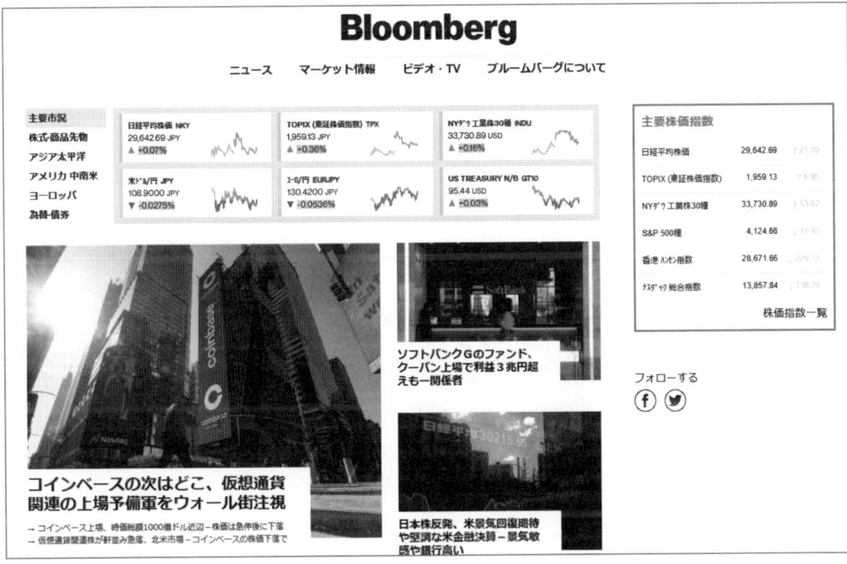

引用：Bloomberg
https://www.bloomberg.co.jp/

アナリストの予想は参考程度に活用しよう

情報サイトには、アナリストの予想や見解もあり、初心者の方には頼りになる情報かもしれません。しかし、**アナリストの意見は参考程度に読む**ことが大切です。

外国為替に限らず、投資では予想もしていなかったことが起こることがあり、常にアナリストの予想通りにいくわけではありません。

むしろ当たらないと思っていた方がいいかもしれません。

実はニュースにもこれが当てはまります。今回の大統領選挙は、〇〇候補が優勢と報じていながら、結果は真逆だったというケースがありました。2016年の米大統領選挙にてクリントン候補が負けてトランプ候補が勝利したのはその典型例です。

絶対だと思われていた事前の予想が覆されることは頻繁にあるのです。

「**アナリストの意見やニュースを信じすぎない**」ということは、FXに失敗しないためのポイントのひとつです。

あくまでもそう考えている人が多い程度に受け止めましょう。

結果は蓋を開けてみるまでわからないので、そこに対するリスク管理が重要になります。

例えば、これはドル高になるぞというニュースを信じて、資金のすべてをドル買いに費やすと、結果が逆だった場合、大きな損失を被ってしまいます。

そうならなかったときのために保険はかけておくべきです。

最終的に決断するのは自分です。

どこまでのリスクは許容できるのかをしっかり見極め、「もしかしたら、こんなことが起こるかもしれない」という想定をしながら資金管理をするようにしましょう。

POINT

マーケットの情報は、**FX 会社で口座を持つとアプリやサイトにて無料で確認**することができます。アナリストの為替予想や分析は参考程度に留めておきましょう。間違っても、投資の世界に絶対はないので、予想を 100%信じて投資をするのは避けて下さい。

7-03 夢手帳を作って モチベーションアップ

情報収集だけではなく、情報を整理することも日々取り組んでいく必要があるんですね。鈴木先生はその他に大切にしているルーティンはありますか？

そうですね。何事も目標や計画が重要ですから、夢手帳を作っていますよ。

予定を忘れないように手帳は利用していますが、夢手帳というのは知らないです。いったいどうやって作成するのですか？

■夢手帳の効果

「**夢手帳**」というのは、実際のタスク管理とは別に、夢や目標を書き込んでいくものです。「夢をかなえる手帳」「願いをかなえる手帳」といった手帳が市販されています。

例えば「10年後にはFXで成功して利益を1億円まで増やす」といったような理想とする未来を想像して書きます。

私の夢

「10年後には1億円まで増やす」
「40代でセミリタイヤする」
「海外に住む」 など

書いただけで夢が叶うなら簡単な話だと思われるかもしれませんが、書くのと書かないのでは目標を達成する可能性は大きく変わってきます。

人は普段から意識していることに関する情報を、無意識で反応して集める習性があるのです。

これを日々の暮らしの中にうまく採り入れていくと、人生は激変します。

夢手帳に書き込んで意識を向けると、そのことに関連する情報がどんどん目にとまりインプットされます。

それだけ多くの成功するヒントを得ることができ、知らずのうちに夢の実現に近づいていきます。

逆に意識していなければ、貴重な情報をスルーしているので、成功する可能性は上がりません。このように、「**夢手帳は夢を引き寄せて、それを実現させる効果がある**」のです。

■夢手帳の作成方法

FXに投資することで目標になることは人によって違いますから、まずは自分の目標や夢をリスト化することから始めてください。

続いて未来年表を作成します。

「いつまでに何をするのか」、「いつまでにどうなりたいのか」という点を明確にします。**目標や夢、未来年表は夢手帳の最初に記載し、いつでも確認できるようにしておきましょう。**

毎朝そこだけ見てから出社するだけでも、意識や情報を収集しようとする態勢は変わります。

続いて、中・長期の目標、短期の目標、今月の目標を決め、それを**達成するためにどんな行動が必要なのかをリスト化**していきます。

毎日情報サイトを確認し、分析する時間を30分でも設けるといったことも目標を達成するうえで重要な取り組みです。

さらに**ルールについてもしっかり記載します**。

資金管理ルール、リスクリワードレシオなど自分で決めたルールを常に意識するようにするためです。

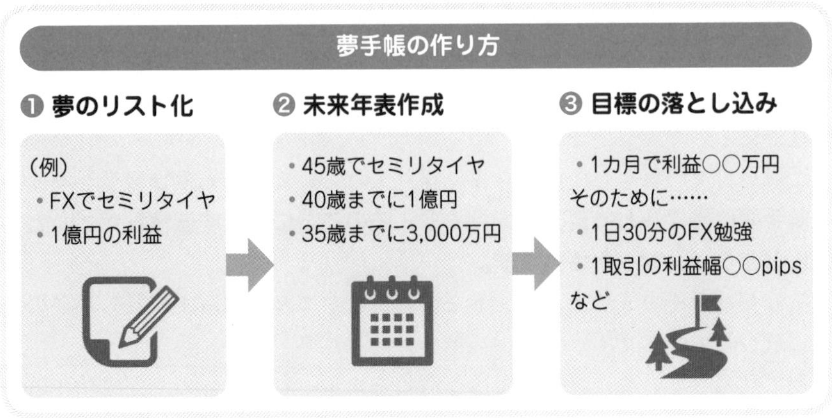

夢手帳の作り方

❶ 夢のリスト化

（例）
・FXでセミリタイヤ
・1億円の利益

❷ 未来年表作成

・45歳でセミリタイヤ
・40歳までに1億円
・35歳までに3,000万円

❸ 目標の落とし込み

・1カ月で利益〇〇万円
そのために……
・1日30分のFX勉強
・1取引の利益幅〇〇pips
など

FXはどんな上級者であっても、負けるときは負けます。100％の勝率などありません。シビアな世界ですから、諦めそうになることもあるでしょう。そんなときにこの夢手帳を開けば、**理想の未来を思い出し、モチベーションを高めることもできます。**

コツコツ継続できる人が勝つのが投資です。コツコツ継続するためのモチベーションを維持するためにも、ぜひ夢手帳は活用してみてください。

POINT

成功者のほとんどが実践している、自分だけの「夢手帳」を作りましょう。将来成し遂げたい夢や、なりたい自分のイメージ画像を貼ることもモチベーションアップに効果的です。FXなどでメンタルが不安定になった時は、ぼんやり夢手帳を眺めるだけでも効果ありますよ。

感情に左右されずに取引をする

夢手帳を作ってみると、毎日のトレードがさらに楽しみになってきました！　今月はなんとしても10万円は稼ぎたいです！

目標を決め、それを達成するための計画を立てることも大事ですが、あまり気負い過ぎないようにしてくださいね。**感情に左右されて取引するようになるとFXは失敗します。**この点は私がとても重視しているポイントです。

■1日の目標利益に固執し過ぎない

1ヶ月の目標とする利益が20万円で、その月の平日が20日間だったとします。そうなると1日平均して1万円の利益を出していければ目標が達成できます。

1万円の利益であれば、資金にもよりますが、変動が大きくなる日本時間の夜（ロンドン時間やニューヨーク時間）だけ取引しても十分達成できるでしょう。

問題は勝率が100％ではないという点です。

一流のトレーダーでも勝率は60％ほどです。初心者の頃や中級者の頃はもっと勝率は低くなります。

そうなると1万円の利益を目標に取引を重ねていたはずなのに、1万円の損失になるケースも出てくるのです。

そのとき注意しなければならないのは、**損失を出すとそれを取り戻そうと熱くなって冷静さを失う心理**です。

1万円の利益が出るまで取引を繰り返すようになると赤信号点滅です。

含み損を取り戻すために決めていたレバレッジ以上のハイレバレッジで

取引するようになったり、損切りのルールを無視して取引を続行したりするようになってしまいます。

こうなるとルールは破綻してしまうので、最悪の場合、**強制ロスカットで損失が確定**してしまいます。

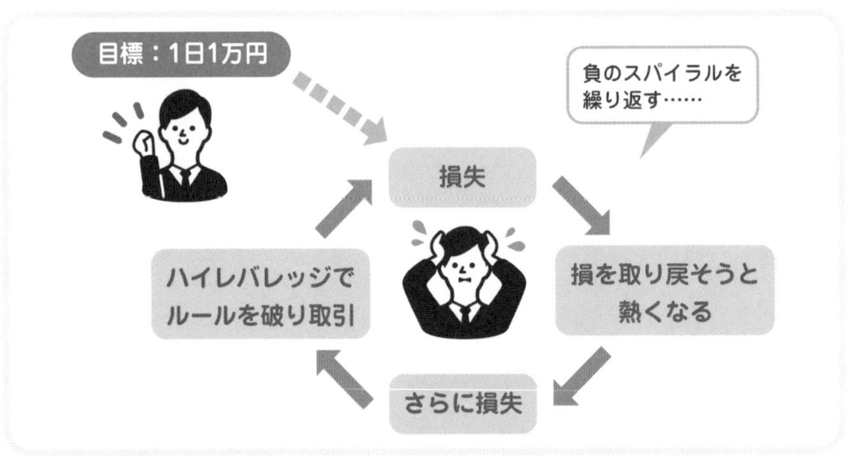

1日の目標利益に固執し感情的になって取引をしていると、1日で大きな損失を出してしまいますので気をつけてください。

FX初心者が負けてFXから退場してしまうケースの多くがこのパターンです。

1日で最大どこまで損失を出せるのかも事前に決めておき、**利益が出ずに損失だけの日があっても割り切ってください**。

誰にでもそういう日はあるのです。**最も恐れるべきは、損失を出すことではなく、ルールが破綻すること**なのです。

■システムトレードを採り入れてみる

感情に左右されずに取引できるようになれば、FXの中級者以上といえるでしょう。しかし、これがなかなか簡単ではありません。

理由は至ってシンプルで、時間をかけて分析し、粘り強くチャートを見続けながら注文したにもかかわらず、結果として1円の儲けにもならないどころか、お金を失うということに納得できないからです。

1時間労働すれば少なくとも1時間分の時給が発生しますから、資産は増えます。減ることは絶対にありません。

しかし、投資の場合は5時間かけて分析しようが、資産が減るという現象が起こるのです。

この状態に慣れないと、感情的になって取引してしまいがちです。

どうしてもここを改善できないのであれば、自動売買ツールが利用できるFX会社を選び、新規注文から利益確定や損切りまですべて自動で行ってくれる**システムトレードを採り入れてみる**という方法もあります。

これだと感情的になって取引することはありませんし、寝ている間も、本業で忙しい中でも24時間取引を続けてくれますので、**精神的にも肉体的にも負担を軽減することができます。**

POINT

FXを始めたばかりの人は、負けて熱くなって感情に振り回されて失敗をする経験をすると思います。ここで大事なのは、**利益に固執しすぎない**ことです。FXでは、毎回100%勝つことはありえないので、いかに負けを素早く認め損切りできるかにかかっています。

7-05 FX初心者にはナンピンは禁じ手

感情的な取引をしないことも鈴木先生のルーティンのひとつなんですね。損失を取り戻す手法として、ナンピンというものを聞いたことがあるんですが、これはどうなんでしょうか？

ナンピン買いは、確かにメリットはありますが、FX初心者が実践するにはリスクが高過ぎます。FX初心者には禁じ手です。

知らずにナンピンになっている可能性があるので、どういったものなのかぜひ教えてください！

■ナンピン買いとは？

難平と書いて、ナンピンと読むように、「**ナンピン買いとは、損失を平らにする**」という意味があります。具体的な取引の中で、ナンピン買いをご紹介していきます。

ドル円を1ドル108円でロングしたとします。

その後、予想に反してドル安円高に傾き、1ドル107円まで下落しました。この時点で100pipsの含み損です。

ここでさらにロングポジションを買い増しするのがナンピン買いです。

1ドル108円と1ドル107円でそれぞれ1ロットのロングポジションを保有すると、平均取引レートを107円50銭まで引き下げられます。

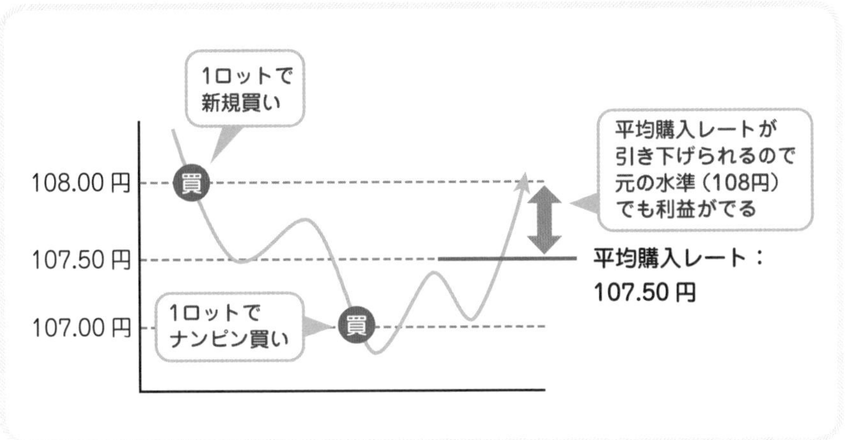

FX初心者は含み損を抱えた際に、感情的になってナンピン買いになりがちです。

最も危険なのは、実際にこの手法で成功して含み損を帳消しにできたり、利益を出したりといった成功体験をしてしまうことでしょう。

実はこのナンピン買いには大きなリスクがあります。

■ナンピン買いのリスク

一度でもナンピン買いで成功してしまうと、含み損が出ても、ナンピン買いで対応するようになってしまいます。

もちろん為替レートが戻れば、それで損失を軽減したり、利益が出たりしますが、**いつ戻るかはわかりません**。

1時間後かもしれませんし、10日後かもしれません。時には半年後や1年後というケースもあります。

ナンピン買いを続けていくと、保有する建玉が増えていき、その分だけレバレッジが上がっていきます。

それでもまだ下落していくと、証拠金維持率はどんどん厳しい状態に陥り、**強制ロスカットという結果になってしまう危険性がある**のです。

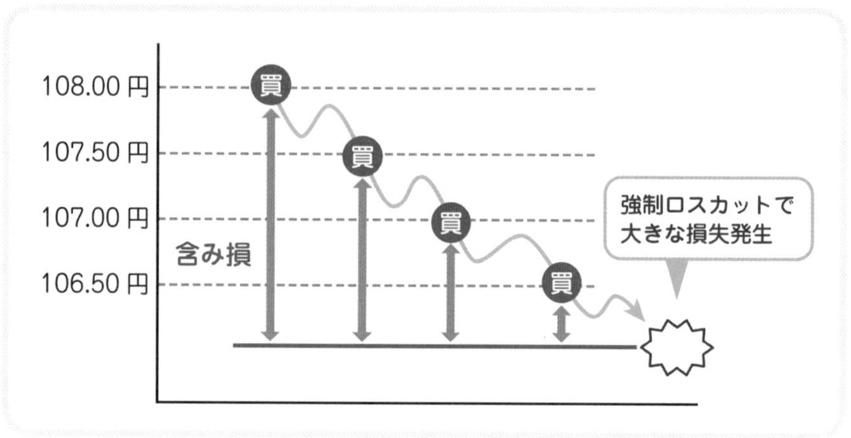

つまりナンピン買いが癖になると、大きく負けるリスクが高まります。特に強いトレンドが発生しているのに、それに逆行して逆張りばかり続けていると、あっという間に含み損が膨らみ、強制ロスカットです。

そもそもナンピン買いをするということは、どれくらい含み損を抱えたら損切りするのかという事前のルールを破ることになります。

ルールが破綻しているわけですから、リスクが高い取引になってしまうのは当然です。

ですから含み損を抱えたら、買い増すことで補おうとするのではなく、**含み損を最小で抑えることを意識して損切りする**ことが、FX初心者にもっとも重要な視点になります。

FXで失敗しないためにも、まずは基本を徹底することを考えてください。

POINT

計画性のないナンピンは、**余計に損失が膨らむ**危険な行為なので、絶対に避けましょう。「いつか戻るだろう」という期待にすがるのは、投資ではなく運任せのギャンブルであり、期待が外れた時は取り返しのつかない損失につながってしまいます。

7-06 負け続けたときに冷静に相場を見る方法

含み損が出たときにどういった対応ができるのかが、FXで失敗しないための重要な要素なんですよね。でも、損切りばかりが続くときはどうすればいいでしょうか？

損切り貧乏という言葉があります。ルールを徹底しても、損切りが続いて勝率が低いトレードばかりになってしまっていたらFXでは稼げませんよね。そんな時は、相場から離れることを心がけましょう！

■いつでも取引できるFXのメリット

FXは基本的に平日24時間取引可能です。この「**いつでも取引できる**」という点がFXのメリットですが、扱い方を間違えると失敗する原因にもなります。

FX初心者は「常に建玉を保有していたい」、「常に取引をして稼ぎたい」という気持ちから、**相場がどんな場面でも取引しがち**です。

そして、為替レートが上昇するのか、下落するのか、さほど明確なヒントもないままその場の値ごろ感だけで売買してしまいます。

こうなると「買ったら下落した」、「売ったら上昇した」というような**相場の動きと逆の取引に陥る可能性**が高まります。

FXで失敗する典型的なパターンです。

いつでも取引ができるということは、「**自分の一番勝てそうな流れのときだけ参加することができる**」ということです。

わかりやすいトレンドになった時だけ取引するという方法もありますし、

経済指標発表後の激しい値動きが落ち着いてから取引するという方法もあります。

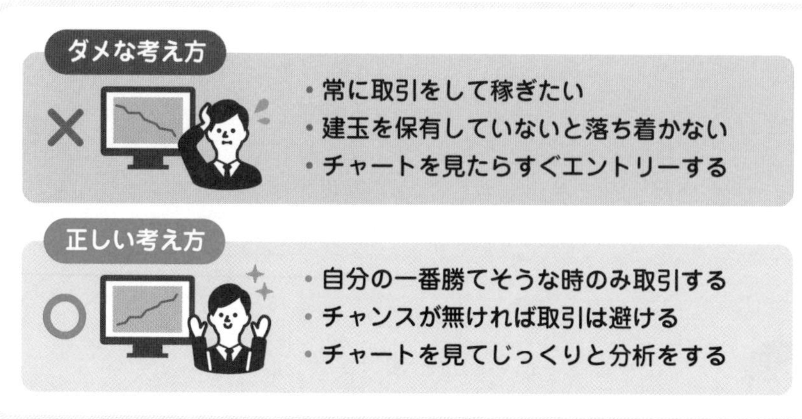

まずは自分が高確率で勝てるタイミングや、局面を把握し、そこに集中するようにしてください。

これがFXのいつでも取引できるというメリットを最大限有効活用したトレードスタイルになります。

■休むも相場は有名な格言の1つ

「**休むも相場**」という言葉があります。

常に建玉を保有し、常に取引をしていると、冷静さを失い、客観的に自分を見られなくなりがちです。

こうしたときは、しっかりと休みを挟むことで、冷静さを取り戻す必要があります。

買うのか売るのかだけではなく、「休む」ということもFXで勝つためには重要な判断なのです。

特に損切りが続いているような歯車がかみ合わず、ただ熱くなっているだけのようなときは、取引を避けて、リラックスした気持ちで相場を眺めてみるのがいいでしょう。

ちなみに含み損を抱えたままの状態で建玉を塩漬けしても、為替レートがどうなったのか常に気になる状態なので、これでは休んだうちには入りません。

損切りし、決済してしまった状態でリスタートしましょう。

一流のトレーダーが着実にFXで利益を積み上げていけるのは、こういった**ONとOFFのスイッチの入れ方が上手である点**も挙げられます。

常にチャートと向き合っていればFXに勝てるというわけではありませんし、常に建玉を保有していなければいけないわけでもありません。

情報収集のアンテナは敏感にしつつも、**自分のタイミング**というものを経験から学び、それを活かしていくようにしましょう。

POINT

FXは取引の回数を増やせば稼げるものではありません。欲に駆られて、何でもない相場で無理な取引をすれば、逆に負けるリスクが高まります。難しい相場の時や、**負けが続いた時は、「休む」という選択肢**を取るようにしましょう。

INDEX

7日（か）でマスター

FXがおもしろいくらいわかる本（ほん）

2021年6月30日　第1刷発行
2024年10月15日　第6刷発行

著　者　鈴木拓也
装　丁　植竹裕
発行人　柳澤淳一
編集人　久保田賢二
発行所　株式会社　ソーテック社
〒102-0072　東京都千代田区飯田橋4-9-5　スギタビル4F
電話（注文専用）03-3262-5320　FAX03-3262-5326
印刷所　TOPPANクロレ株式会社

Printed in Japan
ISBN978-4-8007-2091-7